Sonja Eikmeier

Umweltbewertung nach dem Lebenszufriedenheitsansatz

Die Bedeutung des Einkommens für das Glück

Diplomica Verlag GmbH

Eikmeier, Sonja: Umweltbewertung nach dem Lebenszufriedenheitsansatz: Die Bedeutung des Einkommens für das Glück. Hamburg, Diplomica Verlag GmbH 2013

Buch-ISBN: 978-3-8428-9847-9
PDF-eBook-ISBN: 978-3-8428-4847-4
Druck/Herstellung: Diplomica® Verlag GmbH, Hamburg, 2013

Bibliografische Information der Deutschen Nationalbibliothek:
Die Deutsche Nationalbibliothek verzeichnet diese Publikation in der Deutschen Nationalbibliografie; detaillierte bibliografische Daten sind im Internet über http://dnb.d-nb.de abrufbar.

Hermannstal 119k, 22119 Hamburg
http://www.diplomica-verlag.de, Hamburg 2013
Printed in Germany

Inhaltsverzeichnis

Abbildungsverzeichnis

Tabellenverzeichnis

1. Einführung

Menschen stehen vor gravierenden Umweltproblemen, die oft darauf zurückzuführen sind, dass Umweltgüter als kostenlose Produktionsfaktoren gesehen und gehandhabt werden. Umweltgüter resultieren aus den Funktionen von intakten Ökosystemen und sind für das menschliche Leben und für die ökonomische Wertschöpfung unentbehrlich. Umweltgüter, wie zum Beispiel die Luftqualität, die Biodiversität oder die Klimastabilität, haben in der Regel die Eigenschaften von öffentlichen Gütern und ihre Nutzung ist daher nicht durch Eigentumsrechte eingeschränkt. Ihr Wert kann – im Gegensatz zu Marktgütern – nicht anhand der Marktpreise ermittelt werden (vgl. Welsch/ Kühling 2009: 386). Um den Wert von Umweltgütern dennoch in Politikentscheidungen und in sozialen Kosten-Nutzen-Analysen angemessen zu berücksichtigen, empfiehlt sich ihre monetäre Bewertung.

Der Lebenszufriedenheitsansatz ist eine ökonomische Methode zur Bewertung nichtmarktgängiger Güter, zu denen die Umweltgüter gehören. Bei dieser Methode werden empirische Daten zur selbsteingeschätzten Lebenszufriedenheit der Menschen dazu verwendet, das subjektive Wohlbefinden als eine Funktion des Einkommens und der Umweltbedingungen zu modellieren. Zunächst wird hierbei ermittelt, welchen Einfluss das Einkommens sowie das betrachtete Umweltgut auf die Zufriedenheit eines Menschen haben. Auf dieser Basis lässt sich die Grenzrate der Substitution zwischen Einkommen und Umweltgut errechnen. Diese gibt jenen Einkommensbetrag an, der notwendig wäre, um eine (marginale) Änderung der Umweltbedingungen zu kompensieren und so die Zufriedenheit konstant zu halten (vgl. Welsch 2009: 2740).

Die monetären Werte, die für Umweltgüter mit dem Lebenszufriedenheitsansatz ermittelt wurden, sind in vielen Studien sehr hoch. Sie übersteigen jene Werte, die mit anderen Umweltbewertungsmethoden wie Revealed- oder Stated-Preference-Methode ermittelt wurden, um ein Vielfaches (vgl. Fujiwara/ Campbell 2011: 37). Dies liegt vor allem daran, dass der Grenznutzen des Einkommens bei diesen Studien als relativ gering eingeschätzt wird, der Einkommenskoeffizient im Regressionsmodell also relativ klein ist. Dies hat mehrere Ursachen. Zum einen sind methodische Schwächen und Probleme bei der Erfassung des Einkommens dafür verantwortlich, dass der Einkommenskoeffizient einen geringen Wert annimmt. Zum anderen wurden wichtige empirische Beobachtungen über den Zusammenhang zwischen Einkommen und Lebenszufriedenheit, insbesondere soziale Vergleichseffekte und Gewöhnungseffekte, in den Studien nicht berücksichtigt.

Die Studie beschäftigt sich daher mit der Frage, wie sich die Erfassung des Einkommens und seine Bedeutung für die Lebenszufriedenheit auf die Ergebnisse der Bewertung von Umweltgütern nach dem Lebenszufriedenheitsansatz auswirken. Hierzu werden zunächst in Kapitel 2 der Sinn von Umweltbewertungen und die Vorstellungen von Nutzen, auf denen die verschiedenen Umweltbewertungsansätze basieren, erläutert. Dann werden die wichtigsten Revealed- und Stated-Preference-Methoden vorgestellt und die Vorteile und Schwächen dieser Ansätze gegenüber dem Lebenszufriedenheitsansatz herausgearbeitet. In Kapitel 3 wird der Lebenszufriedenheitsansatz zur Umweltbewertung mit seinen Stärken und Schwächen vorgestellt. Am Ende des Kapitels werden die Faktoren identifiziert, die den Einkommenskoeffizienten im Lebenszufriedenheitsansatz verzerren. Ein wichtiger Verzerrungsfaktor rührt daher, dass der Einfluss des Einkommens auf die Lebenszufriedenheit unvollständig abgebildet wird. Daher wird in Kapitel 4 der aktuelle Forschungsstand hinsichtlich des Zusammenhangs zwischen Einkommen und Zufriedenheit aufgearbeitet. In Kapitel 5 werden Studienergebnisse zur Bewertung der Luftqualität, die mit Stated- und Revealed-Preference-Methoden sowie mit dem Lebenszufriedenheitsansatz ermittelt wurden, einander gegenübergestellt. Schließlich wird versucht, die Erkenntnisse für eine möglichst vollständige Erfassung des Einkommens im Lebenszufriedenheitsansatz zusammenzufassen.
Die Begriffe Lebenszufriedenheit, Zufriedenheit, Glück und Wohlbefinden werden in dieser Studie als Synonyme verwendet; sie bezeichnen die empirisch gemessenen Werte der Lebenszufriedenheit.

2. Umweltbewertung

2.1 Sinn von Umweltbewertungen

Umweltbewertungen dienen dazu, in monetären Werten auszudrücken, wie Individuen Umweltgüter wertschätzen (vgl. Frey et al. 2004: 2). Umweltgüter werden hier, angelehnt an De Groot, definiert als Ökosystemfunktionen, welche Güter und Dienstleistungen schaffen, die der Befriedigung menschlicher Bedürfnisse dienen. Ein Wald zum Beispiel kreiert eine Vielzahl an Gütern und Werten für den Menschen. Er reguliert das Klima, indem er Kohlenstoffdioxid aus der Atmosphäre aufnimmt und Sauerstoff produziert. Ebenso reguliert er den Wasserhaushalt, bietet Schutz gegen Erosion und filtert Trinkwasser (Regulationsfunktionen). Der Wald produziert Nahrungsmittel ebenso wie Rohstoffe, die als Input in der Ökonomie gebraucht werden (Produktionsfunktionen). Als Lebensraum für Pflanzen und Tiere erhält der Wald die biologische und genetische Diversität, welche Grundlagen für viele andere Funktionen sind (Habitatfunktion). Zudem bietet der Wald Möglichkeiten der Erholung und des Vergnügens für Menschen wie das Wandern oder Beobachten von Wildtieren (Informationsfunktionen) (vgl. De Groot et al. 2002: 394f). Politikmaßnahmen sowie wirtschaftliche und private Aktivitäten können sich auf diese Güter auswirken, was Nutzen sowie Kosten für die Menschen kreiert. Das Wissen über die Wertschätzung solcher Güter ist daher gerade in der Umweltpolitik wichtig, die sich sehr häufig mit der Abwägung zwischen dem gesellschaftlichen Nutzen einer Umweltschutzmaßnahme und ihren ökonomischen und sozialen Kosten auseinander setzen muss. Kosten-Nutzen-Analysen können helfen, solche Zielkonflikte besser zu lösen (vgl. Freeman 2003: 10).

Um Kosten und Nutzen einer Maßnahme gegeneinander abwägen zu können, muss eine einheitliche Messgröße existieren. In ökonomischen Analysen werden in der Regel Marktpreise als Messgröße für den Wert eines Gutes verwendet. Dieses Prinzip lässt sich bei Umweltgütern allerdings nicht anwenden. Die meisten Umweltgüter haben die Eigenschaften von öffentlichen Gütern, das heißt, keiner kann vom Konsum des Gutes ausgeschlossen werden (Nicht-Ausschließbarkeit) und die Nutzung des Gutes durch ein Individuum beeinträchtigt nicht seine Nutzung durch ein anderes Individuum (Nicht-Rivalität im Konsum). In diesem Fall führen die Marktmechanismen weder zu einer optimalen Allokation des Gutes noch entsteht ein Marktpreis, welcher den sozialen Wert des Gutes offenbart (vgl. Freeman 2003: 2f). Daher ist es notwendig, den Wert des Umweltgutes auf anderem Wege zu ermitteln und damit eine Grundlage für politische Entscheidungen hinsichtlich der Bereitstellung oder dem Erhalt eines Umweltgutes zu schaffen.

Gängige Methoden der Umweltbewertung sind die Revealed-Preference-Ansätze sowie die Stated-Preference-Ansätze. Revealed-Preference-Methoden leiten den Wert eines Umweltgutes aus den Entscheidungen ab, die Menschen in realen Märkten treffen. Bei Stated-Preference-Methoden werden Menschen danach befragt, wie viel sie bereit wären, für eine bestimmte Umweltverbesserung zu bezahlen oder wie viel man ihnen zahlen müsste, damit sie eine bestimmte Umweltverschlechterung akzeptieren könnten (vgl. Fujiwara/ Campbell 2011: 11ff; Welsch/ Kühling 2009: 387).

Der Lebenszufriedenheitsansatz ist eine relativ neue ökonomische Methode zur Bewertung nicht-marktgängiger Güter wie Umweltgüter. Bei dieser Methode werden empirische Daten zur selbsteingeschätzten Lebenszufriedenheit der Menschen dazu verwendet, das Glück als eine Funktion des Einkommens und der Umweltbedingungen zu modellieren. Ein monetärer Wert wird errechnet, indem der Grenznutzen der Umweltbedingungen und der Grenznutzen des Einkommens sowie der Trade-off zwischen beiden ermittelt werden (vgl. Welsch 2009: 2740).

Allen Umweltbewertungsmethoden gemein ist das Bestreben, den gesellschaftlichen Wert des Umweltgutes in einem konkreten Geldbetrag festzuhalten. Dieser monetäre Betrag wird oft als Willingness-to-Pay (WTP) oder Willingness-to-Accept (WTA) bezeichnet. Die Willingness-to-Pay ist die maximale Zahlungsbereitschaft eines Individuums für ein nicht-marktgängiges Gut wie zum Beispiel einem Umweltgut. Es ist die Summe, bei der ein Individuum indifferent wäre zwischen der Möglichkeit das Geld zu bezahlen und eine Umweltverbesserung zu erfahren und der Möglichkeit das Geld zu behalten und auf die Umweltverbesserung zu verzichten. Die Willingness-to-Accept ist die minimale Summe, die ein Individuum verlangen würde, wenn es auf eine Umweltverbesserung verzichten oder eine Umweltverschlechterung hinnehmen müsste. Bei dieser Summe ist das Individuum indifferent zwischen der Möglichkeit, die Umweltverbesserung zu erfahren, beziehungsweise den Status Quo zu erhalten, und der Möglichkeit, das Geld zu bekommen und die Umweltverschlechterung hinzunehmen (vgl. Freeman 2003: 9).

Wie sich erkennen lässt, basieren ökonomische Umweltbewertungen auf der Annahme, dass Umweltgüter und Geld gegeneinander ausgetauscht werden können (vgl. Freeman 2003: 8). Diese Annahme kann kritisiert werden und sicherlich ist diese Vorgehensweise eher eine Behelfslösung mangels besserer Alternativen. Allerdings muss eine einheitliche Messgröße existieren, um Kosten und Nutzen gegeneinander abwägen zu können, da in der realen Welt des Öfteren Situationen entstehen, die solch eine Abwägung erfordern: Die Durchführung oder Unterlassung von Maßnahmen zum Schutz oder zur Verbesserung von Umweltgütern kann weitreichende Folgen für die menschliche Gesundheit und die Lebensqualität haben. Eine kostenträchtige Maßnahme zur Verminderung der Rauch- und Schwebstoffemissionen einer Industrieanlage kann sich zum Beispiel erheblich auf die Häufigkeit und das Ausmaß von Lungenkrankheiten bei den ortsansässigen Bewohnern auswirken. Man könnte argumentieren, dass es in solch einem Fall moralisch nicht legitim ist, das menschliche Leben und die Gesundheit gegen die monetären Kosten der Emissionsminderungsmaßnahme aufzuwiegen. Die Konsequenz wäre, dass man jede Umweltverbesserungsmaßnahme ungeachtet ihrer Kosten durchführen müsste. Dies ist in einer Welt knapper Ressourcen nicht umzusetzen und es müssen notwendigerweise Entscheidungen über die Aufteilung der verfügbaren Ressourcen getroffen werden (vgl. Frank 2008: 252).

Wenn die Bewertung der Güter, für welche Ressourcen aufgewendet werden sollen, nicht explizit erfolgt, wird sie implizit durch die politischen Entscheidungsträger vorgenommen und offenbart sich erst im Ergebnis der Entscheidung. Eine Beimessung von Werten auch solcher Güter wie der Umweltqualität und der menschlichen Gesundheit kann somit nicht vermieden werden. Ökonomische Bewertungsmethoden nichtmarktgängiger Güter scheinen damit gerechtfertigt, weil sie Bewertungen, die sonst implizit angelegt würden, offenlegen und Entscheidungen transparent machen (vgl. Freeman 2003: 10ff).

2.2 Nutzenbegriff der Umweltbewertungsmethoden

Umweltbewertungsmethoden dienen dazu, den Nutzen, den ein Umweltgut für ein Individuum hat, monetär zu erfassen. Ein entscheidender Unterschied zwischen den Revealed- und Stated-Preference-Methoden und dem Lebenszufriedenheitsansatz ist die Definition dieses Nutzens. Nutzen definiert sich bei den Revealed- sowie den Stated-Preference-Methoden im neoklassischen Sinne über Entscheidungen zwischen verschiedenen, definierten Güterbündeln. Zieht ein Individuum ein bestimmtes Güterbündel einem anderen vor, so stiftet das erste Güterbündel dem Individuum definitionsgemäß einen höheren Nutzen. Man nimmt hierbei an, dass die Präferenzen von Menschen rational sind: Dies bedeutet zum einen, dass Individuen alle Güterbündel entsprechend ihrer Präferenzen in eine Rangordnung bringen können, sodass alle Alternativen verglichen werden können. Zum zweiten sollen Präferenzen transitiv sein: Wenn ein Individuum Güterbündel x dem Güterbündel y vorzieht und zudem Güterbündel y dem Güterbündel z vorzieht, dann zieht es auch Güterbündel x dem Güterbündel z vor. Zum dritten sind Individuen indifferent zwischen den gleichen Güterbündeln x und x. Nutzen bemisst sich in dieser Vorstellung danach, inwieweit die Präferenzen eines Individuums befriedigt werden. Bei Revealed- und Stated-Preference-Methoden geht man davon aus, dass der Nutzen eines Umweltgutes sich in den Entscheidungen offenbart, die Individuen auf einem realen oder hypothetischen Markt treffen. Beim Lebenszufriedenheitsansatz hingegen wird das subjektive Wohlbefinden, welches Individuen in Umfragen äußern, als Annäherung an den individuellen Nutzen gesehen. Der Nutzen eines Umweltgutes wird bei diesem Ansatz danach bemessen, wie das Umweltgut sich auf das subjektive Wohlbefinden auswirkt (vgl. Fujiwara/ Campbell 2011: 10).

Der Nutzenbegriff der Revealed- und Stated-Preference-Ansätze und jener des Lebenszufriedenheitsansatzes unterscheiden sich in einem weiteren Punkt: Die Umweltwerte, die aus einer Revealed- oder Stated-Preference-Studie resultieren, beziehen sich auf den Entscheidungsnutzen. Dies ist der Nutzen, der ex ante, das heißt vor oder während einer Entscheidung durch die Wahl zwischen Alternativen entsteht. Der Entscheidungsnutzen ist der Nutzen, den sich ein Individuum während seiner Entscheidung von dem Ergebnis seiner Entscheidung verspricht. Beim Lebenszufriedenheitsansatz hingegen wird der erfahrene Nutzen gemessen, der sich ex post, das heißt nach einer Entscheidung einstellt. Der erfahrene Nutzen ist der Nutzen, den ein Individuum aus dem Ergebnis seiner Entscheidung zieht (vgl. Kahnemann/ Sugden 2005: 167).

Bei den Stated- und Revealed-Preference-Ansätzen ist es fraglich, ob Menschen tatsächlich wohldefinierte und widerspruchsfreie Präferenzen haben und ob sie sich immer entsprechend ihrer Präferenzen entscheiden, um den größtmöglichen Nutzen aus ihrer Entscheidung zu ziehen. In den Kapiteln 2.3 und 2.4 wird sich noch herausstellen, dass Entscheidungsanomalien und inkonsistente Präferenzen die Umweltwerte in Revealed- und Stated-Preference-Studien verzerren können. Beim Lebenszufriedenheitsansatz wird wiederum angezweifelt, ob Angaben zur Lebenszufriedenheit geeignete Messwerte für den individuellen Nutzen darstellen, da sie rein subjektiv sind und als unwissenschaftlich angesehen werden können. Auf diese Kritik wird in Kapitel 3.2 in den Ausführungen zur Datenqualität eingegangen.

In Kapitel 5.1 sollen die Ergebnisse von Umweltbewertungen der Luftqualität nach dem Lebenszufriedenheitsansatz den Ergebnissen von Revealed- und Stated-Preference-Studien gegenübergestellt werden. Daher werden im Folgenden die gängigsten Revealed- und Stated-Preference-Methoden vorgestellt und ihre wesentlichen Unterschiede zum Lebenszufriedenheitsansatz herausgearbeitet. Hierbei konzentriere ich mich auf die Hedonic-Pricing-Methode als Vertreter der Revealed-Preference-Ansätze und die Contingent-Valuation-Methode als Vertreter der Stated-Preference-Ansätze.

2.3 Revealed Preferences: Hedonic-Pricing-Methode

Bei Revealed-Preference-Methoden wird der Wert von Umweltgütern geschätzt, indem die Entscheidungen beobachtet und evaluiert werden, die Menschen in realen Märkten treffen und die indirekt eine Wertschätzung des Umweltgutes erkennen lassen. Dies ist der Fall, wenn der Zustand des Umweltgutes den Preis marktgängiger Güter beeinflusst. So könnte zum Beispiel die Luftqualität oder die Lärmbelastung in einem Wohngebiet die Häuser- und Wohnungspreise beeinflussen. Der erste Versuch, den Nutzen einer Umweltqualitätsverbesserung mithilfe der Werte von Wohneigentum zu erfassen, wurde von dem Ökonom Ridker 1967 unternommen. Er erbrachte den empirischen Beweis, dass die Luftverschmutzung den Wert des Wohneigentums beeinflusst. In der Folge wurden viele Studien, welche Umweltgüter indirekt über die Marktpreise von Wohneigentum bewerten, veröffentlicht (vgl. Freeman 1993: 369).

Der gebräuchlichste Revealed-Preference-Ansatz ist die Hedonic-Pricing-Methode (vgl. Fujiwara/ Campbell 2011: 12f). Bei der Hedonic-Pricing-Methode werden Daten des Wohnungsmarktes oder des Arbeitsmarktes verwendet. Es wird davon ausgegangen, dass die Wohnungspreise und die Löhne im untersuchten Gebiet den Umweltzustand der Region widerspiegeln. Wenn Individuen sich zwischen verschiedenen Wohnorten entscheiden, wägen sie die Charakteristiken der Wohnorte gegeneinander ab. Dies enthüllt etwas darüber, wie sie die lokalen Umweltbedingungen wertschätzen. Diese Wohnortentscheidungen beeinflussen die Häuserpreise und die Löhne, welche sich im Marktgleichgewicht dem Nutzen des Wohnortes angleichen müssten. Ansonsten hätten die Individuen einen Anreiz umzuziehen und würden dies auch tun, wenn das Umziehen mit keinerlei Kosten verbunden wäre. Die Häuserpreise sowie die Löhne enthielten damit eine Kompensation für den Umweltzustand der Region und würden implizit die Willingness-to-Pay für die Umweltqualität widergeben (vgl. Ferreira/ Moro 2010: 252; Welsch/ Kühling 2009: 387; Frey et al. 2004: 7). Bei der Hedonic-Pricing-Methode kann der Preis eines Wohnhauses als Funktion seiner Charakteristiken dargestellt werden, wie unter anderem der Anzahl der Zimmer, der Wohnlage oder dem Umweltzustand des Wohnortes. Unterscheiden sich zwei Wohnhäuser lediglich in der sie umgebenden Umweltqualität, stellt die Differenz im Preis den Wert der Umweltqualitätsabweichung dar (vgl. Fujiwara/ Campbell 2011: 13).

2.3.1 Einschränkende Annahmen

Der Hedonic-Pricing-Ansatz basiert auf strengen Annahmen bezüglich des Marktes und der Marktteilnehmer. Es wird davon ausgegangen, dass Marktteilnehmer perfekt über die Umweltbedingungen und die Häuserpreise und Löhne möglicher Wohnorte informiert sind, sich rational verhalten und ohne Kosten von einem Wohnort zu einem anderen umziehen können. Ebenso wird angenommen, dass sich der Häuser- und der Arbeitsmarkt im Gleichgewicht befinden und Preise sich sofort anpassen, sodass die Preise die Vorzüge und Nachteile der Region kompensieren. Zudem dürfte der Markt keinen Regulierungen unterliegen (vgl. Ferreira/ Moro 2010: 253).

Diese Annahmen sind im Grunde nie komplett gegeben (vgl. Freeman 2003: 366): Das Umziehen ist in der Regel immer mit monetären ebenso wie mit psychischen Kosten verbunden, da das Individuum die gewohnte Umgebung und das soziale Umfeld verlassen müsste (vgl. Van Praag/ Baarsma 2005: 233). Zudem existieren Barrieren wie Ländergrenzen und Kulturunterschiede, die ein Individuum in seiner Mobilität einschränken können (vgl. Rehdanz/ Maddison 2003: 6). Des Weiteren können Häusermärkte diversen politischen Regulierungen unterliegen, welche keine freie Marktdynamik erlauben (vgl. Van Praag/ Baarsma 2005: 233). In all diesen Fällen wäre die Willingness-to-Pay, die mit der Hedonic-Pricing-Methode ermittelt würde, verzerrt. Wenn beispielsweise eine Person sich entscheidet, in eine Stadt mit besserer Luftqualität zu ziehen, sollte der daraus resultierende Nutzen sie nicht nur für die höheren Häuserpreise und die niedrigeren Löhne in der Stadt entschädigen, sondern auch für seine Umzugskosten. Da Umzugskosten aber nicht berücksichtigt werden, wäre die mit dem Hedonic-Pricing-Ansatz ermittelte WTP zu klein (vgl. Ferreira/ Moro 2010: 253).

2.3.2 Entscheidungsnutzen und Entscheidungsanomalien

Revealed-Preference-Ansätze gehen davon aus, dass menschliche Entscheidungen alle Informationen enthalten, um den Nutzen von Ergebnissen zu messen (vgl. Frey/ Stutzer 2002: 404). In Kapitel 2.2 wurde bereits beschrieben, dass Revealed-Preference-Ansätze den Entscheidungsnutzen messen, während der Lebenszufriedenheitsansatz den erfahrenen Nutzen misst. Im Idealfall würden sich der Nutzen, den sich ein Individuum von seiner Entscheidung verspricht, und der Nutzen, der aus der Entscheidung resultiert, nicht unterscheiden. Hierzu müssten Individuen den zukünftigen Nutzen ihrer Entscheidungen korrekt vorhersagen können. Beim Hedonic-Pricing-Ansatz geht man von diesem Idealfall aus und verlässt sich darauf, dass Menschen die für sie bestmögliche Wohnortentscheidung treffen. Der Idealfall ist jedoch nicht immer gegeben: Zum Zeitpunkt, zu dem eine Entscheidung für einen Wohnort getroffen wird, sind wahrscheinlich andere Faktoren maßgeblicher für das Individuum als Umweltfaktoren wie die Luftqualität. Nach der Entscheidung für einen Wohnort kann sich aber zeigen, dass sich die Luftqualität doch mehr als erwartet auf den Nutzen auswirkt. Viele empirische Studien zeigen, dass Menschen ihren zukünftigen Nutzen nur sehr eingeschränkt einschätzen können und systematische Fehler bei der Vorhersage ihres Nutzens machen (vgl. Frey 2010: 18f; Kahnemann/ Sugden 2005: 167ff). Wenn sich erfahrener Nutzen und Entscheidungsnutzen systematisch unterscheiden, kann man den Nutzen von Individuen nicht akkurat aus dem Verhalten der Individuen auf dem Markt ableiten, womit die mit der Hedonic-Pricing-Methode ermittelten WTPs/ WTAs unzutreffend wären. Diese Verzerrungen durch Entscheidungsanomalien werden beim Lebenszufriedenheitsansatz umgangen, da ausschließlich der erfahrene Nutzen gemessen wird (vgl. Frey et al. 2004: 9).

2.4 Stated Preferences: Contingent-Valuation-Methode

Stated-Preference-Methoden beziehen ihre Daten nicht aus der Beobachtung von Entscheidungen, die Individuen in einem realen Markt treffen, sondern den Befragten wird ein hypothetischer Markt für das Umweltgut präsentiert, auf dem sie sich bewegen sollen. Sie werden dann direkt zu ihrer Zahlungsbereitschaft für ein bestimmtes Umweltgut befragt (vgl. Freeman 2003: 24). Die bekannteste Stated-Preference-Methode ist die Contingent-Valuation-Methode, bei welcher den Befragten ein hypothetischer Markt für das Umweltgut beschrieben und präsentiert wird. Auf Basis der Informationen, wie das Umweltgut bereit gestellt wird, welche Qualitätsverbesserungen zu erwarten sind und wie die Zahlungen erfolgen würden, soll der Befragte entscheiden, wie viel er bereit wäre, für diese definierte Umweltverbesserung zu zahlen oder wie viel man dem Befragten zahlen müsste, damit dieser eine definierte Umweltverschlechterung akzeptieren würde (vgl. Welsch/ Kühling 2009: 387; Fujiwara/ Campbell 2011: 11f). Ciriacy-Wantrup schlug 1947 zum ersten Mal die Contingent-Valuation-Befragung als Methode vor, die Zahlungsbereitschaft von Personen für die Bereitstellung kollektiver Güter zu evaluieren. Die Contingent-Valuation-Methode wurde seither diskutiert, verfeinert und es wurden Qualitätskriterien erarbeitet. Sie wurde bereits in vielen Ländern von Regierungsbehörden und von der Weltbank angewandt, um den Wert verschiedener Güter wie zum Beispiel Wasserqualität, Luftqualität, Gesundheit und Bildung zu evaluieren (vgl. Hanemann 1994: 19/21).

Contingent-Valuation-Befragungen können unterschiedlich gestaltet sein. Bei der *Open Ended Contingent Valuation* wird eine offene Frage gestellt wie „Wie viel würden Sie maximal für … zahlen?“. Der Betrag, den die Person nennt, ist als ihre WTP für eine Umweltverbesserung oder für die Vermeidung einer Verschlechterung zu interpretieren (vgl. Freeman 2003: 161f). Bei der *Discrete Choice Contingent Valuation* kann der Befragte[1] entscheiden, ob er einen bestimmten Betrag für die beschriebene Umweltveränderung zahlen würde oder nicht. Der Betrag wird entweder vorher festgelegt oder zufällig gezogen. Ist die Antwort „ja“, ist die WTP des Befragten gleich oder größer dieses Betrages. Antwortet der Befragte mit „nein“, kann der Betrag als obere Grenze

[1] Wenn im Text nur die männliche Form benutzt wird, wie in diesem Fall, beziehen sich die Angaben natürlich immer auf Angehörige beider Geschlechter.

seiner wahren Zahlungsbereitschaft interpretiert werden. Dieses Vorgehen kann man zu einer Art Bietverfahren ausweiten, indem man dem Befragten, entsprechend seiner ersten Antwort, weitere höhere/ niedrigere Beträge vorlegt, bis dieser mit nein/ ja antwortet (vgl. Fujiwara/ Campbell 2011: 57; Freeman 2003: 166).
Contingent Valuation ist breit anwendbar und kann prinzipiell zur Bewertung jeglicher Umweltgüter herangezogen werden (vgl. Welsch/ Kühling 2009: 392). Nichtsdestotrotz hat die Methode Nachteile, die im Folgenden aufgeführt werden.

2.4.1 Embedding Effects

Bei der *Discrete Choice Contingent Valuation* werden die Ergebnisse oft systematisch verzerrt, weil sich die Befragten bei ihren genannten WTPs sehr stark an dem erstgenannten Betrag orientieren, selbst wenn dieser offensichtlich zufällig entstanden ist. In einem Experiment wurden die Befragten am Anfang der Befragung gebeten, die letzten beiden Ziffern ihrer Sozialversicherungsnummer aufzuschreiben. Dann wurden sie gefragt, ob sie einen Geldbetrag in Höhe dieser Nummer für das Umweltgut zahlen würden. Der Betrag wurde dann ausgehend von dieser Nummer erhöht oder reduziert bis die WTP des Befragten erreicht wurde. Es stellte sich heraus, dass Personen mit höheren Sozialversicherungsnummern bereit waren, wesentlich mehr für das Umweltgut zu zahlen (vgl. Freeman 2003: 164; Fujiwara/ Campbell 2011: 19).
Weitere Probleme können entstehen, wenn mehrere Güter während einer Contingent-Valuation-Befragung bewertet werden sollen. Dann hängt die WTP eines einzelnen Gutes sehr stark von seiner Position in der Reihenfolge ab (Sequencing Effect) und die Summe der WTPs von einzeln bewerteten Gütern übersteigt die WTP für dieselben Güter, wenn sie als Ganzes bewertet werden (Sub-Additivity Effect). Durch die Einhaltung von Qualitätsrichtlinien für Contingent-Valuation-Befragungen, können die Embedding Effects weitestgehend vermieden werden (vgl. Frey et al. 2004: 6f).

2.4.2 Präferenzen versus Einstellungen

Contingent Valuation erfordert von den Befragten eine ungewöhnliche, kognitive Leistung, nämlich die Veränderung eines Umweltgutes monetär zu bewerten. Hierbei besteht die Gefahr, dass eher Einstellungen als Präferenzen aufgedeckt werden. Präferenzen enthüllen sich durch die Wahl zwischen begrenzten Alternativen, während Einstellungen allgemeinere Gefühle der Zustimmung oder Ablehnung gegenüber einer Sache sind (Kahnemann/ Sugden 2005: 164ff). Eine Person kann bei einer Contingent-Valuation-Frage ihre Willingness-to-Pay für eine Umweltverbesserung übertreiben, um ihre generelle Zustimmung für das Projekt auszudrücken. In einem anderen Fall könnte eine Person eine sehr niedrige Willingness-to-Pay angeben, um ihre Abneigung gegenüber Steuerzahlungen zu bekunden. Manche Menschen könnten eine Zahlungsbereitschaft von Null angeben, weil sie die Idee ablehnen oder es gar als unethisch betrachten für etwas zu bezahlen, was sie bereits besitzen, wie zum Beispiel eine gegebene Umweltqualität (vgl. Freeman 2003: 25/ 165). In allen drei Fällen wäre die WTP eher der Ausdruck der Intensität einer Einstellung auf einer monetären Skala als eine tatsächliche Zahlungsbereitschaft (vgl. Kahnemann/ Sugden 2005: 166). Diese Vermutung wird dadurch untermauert, dass die WTP bei Contingent-Valuation-Befragungen meist völlig unabhängig von dem Ausmaß ist, in dem das öffentliche Gut zur Verfügung gestellt wird: Der WTP für den Erhalt von 2.000 Zugvögeln unterschied sich in einer Contingent-Valuation-Studie kaum von der WTP für den Erhalt von 200.000 Zugvögeln (vgl. Fujiwara/ Campbell 2011: 22; Frey et al. 2004: 6).

2.4.3 Strategisches Verhalten

Strategisches Verhalten der Befragten kann die Daten von Contingent-Valuation-Befragungen systematisch verzerren. Befragte hätten einen Anreiz, strategisch auf die Frage nach ihrer Zahlungsbereitschaft zu antworten, wenn sie glauben, dass ihre Antwort einen Einfluss auf die Bereitstellung des Gutes oder auf zukünftige Zahlungsverpflichtungen haben wird. Jene, die meinen, dass das öffentliche Gut unabhängig von ihrer Antwort bereitgestellt wird, ihre Angaben zur Zahlungsbereitschaft aber ihre Steuerverpflichtungen beeinflussen könnten, werden vermutlich einen untertriebenen Betrag angeben. Jene, die glauben, dass ihre Angaben nicht zu Zahlungsverpflichtungen führen, aber die Bereitstellung des öffentlichen Gutes beschleunigen, werden eine höhere als ihre tatsächliche WTP angeben (vgl. Freeman 2003: 181). Dieses strategische Verhalten ist besonders wahrscheinlich, wenn die Bereitstellung des öffentlichen Gutes die Befragten persönlich betrifft und das Thema öffentlich kontrovers diskutiert wird, wie zum Beispiel die Reduktion der Lärmbelastung in Wohngebieten nahe eines Flughafens (vgl. Van Praag/ Baarsma 2005: 227).

2.4.4 Ungleichheit WTP und WTA

Die Willingness-to-Pay und die Willingness-to-Accept für ein Umweltgut sollten theoretisch denselben Betrag haben, da man davon ausgeht, dass die Präferenzen eines Individuums für ein Güterbündel unabhängig von seiner Status-Quo-Position sind. Wenn WTA und WTP mit der Contingent-Valuation-Methode ermittelt werden, müsste die WTA die WTP theoretisch um ein paar Prozentpunkte übersteigen. Dies liegt daran, dass die Höhe der WTP durch das persönliche Einkommensbudget begrenzt ist, die

Höhe der WTA hingegen nicht. Diese Differenz zwischen WTP und WTA ist akzeptabel. In praktischen Stated-Preference-Studien übersteigt die WTA den WTP allerdings nicht nur um einige wenige Prozentpunkte, sondern um 100 Prozent oder mehr (vgl. Sugden 2005: 4). Dies liegt wahrscheinlich an der Verlustaversion des Menschen und an dem Endowment-Effekt. Gemäß dem Endowment-Effekt ist der wahrgenommene Wert eines Gutes höher, wenn man es besitzt. Verluste werden somit systematisch höher bewertet als Gewinne (Kahneman et al. 1990: 1338f). Bei der Contingent-Valuation-Methode kann dieser psychologische Effekt dazu führen, dass für ein und dasselbe Umweltgut sehr unterschiedliche monetäre Werte ermittelt werden, je nachdem, ob nach der Willingness-to-Pay oder nach der Willingness-to-Accept gefragt wird. Horowitz und McConnell stellten in einer Untersuchung von 45 Contingent-Valuation-Studien heraus, dass die WTA in der Regel sieben Mal größer ist als die WTP. Die Summe, die ein Individuum verlangen würde, um beispielsweise eine Verschlechterung der Luftqualität hinzunehmen, wäre damit sieben Mal so groß wie die Summe, die das Individuum zu zahlen bereit wäre, um die Luftqualität zu erhalten (vgl. Horowitz/ McConnell 2002: 428).

3. Lebenszufriedenheitsansatz

Nicht-marktgängigen Gütern können mit dem Lebenszufriedenheitsansatz monetäre Werte zugeschrieben werden. Vom Prinzip funktioniert das wie folgt: Wenn eine Reduktion der lokalen Luftverschmutzung um 20 Prozent das Wohlbefinden um einen Indexpunkt erhöht und eine Steigerung des Haushaltseinkommens um 6.000 Euro pro Jahr den gleichen Effekt hat, kann man schlussfolgern, dass eine 20-prozentige Reduktion der Luftverschmutzung 6.000 Euro wert ist. Formal wird die WTP oder WTA eines nicht-marktgängigen Gutes ermittelt, indem die Grenzrate der Substitution zwischen Einkommen und nicht-marktgängigem Gut errechnet wird (vgl. Fujiwara/ Campbell 2011: 14).

Diese Methode der Umweltbewertung ist relativ neu, da sie auf den Daten von Umfragen basiert, die Fragen nach der subjektiven Zufriedenheit der Probanden einschließt. Lange Zeit wurde das subjektive Glück der Menschen nur von Psychologen untersucht. Erst mit dem Artikel von Easterlin 1974 zum Zusammenhang zwischen Einkommen und Glück wurde der Glücksforschung auch in der Ökonomie zunehmende Aufmerksamkeit geschenkt. Seit den späten 1990ern wurden großangelegte, empirische Analysen hinsichtlich der Determinanten des Glücks durchgeführt (vgl. Frey/ Stutzer 2002:

404). Van Praag und Baarsma waren 2001 die ersten, die Lebenszufriedenheitsdaten explizit zur Bewertung von Externalitäten herangezogen haben (vgl. Frey et al. 2004: 6). Externalitäten entstehen, wenn wirtschaftliche Aktivitäten Auswirkungen auf unbeteiligte Marktteilnehmer haben, diese Effekte aber unkompensiert bleiben (vgl. Freeman 2003: 3). In der Studie von Van Praag und Baarsma wurde der externe Effekt des Fluglärms auf die Bewohner in der Nähe des Amsterdamer Flughafens evaluiert.

3.1 Datenherkunft

Die Daten zur Lebenszufriedenheit, die in Umweltbewertungsstudien verwendet werden, stammen meist aus großangelegten Umfragen wie dem World Values Survey, dem General Social Survey, dem Eurobarometer Survey, dem Sozio-Ökonomischen Panel oder dem British Household Survey. Die Umfragen erheben entweder Querschnitts- oder Längsschnittsdaten (Paneldaten). Bei Querschnittserhebungen wird eine möglichst repräsentative Gruppe von Menschen der zu untersuchenden statistischen Einheit (zum Beispiel der Bevölkerung eines Landes) zu einem bestimmten Zeitpunkt befragt. Bei Längsschnitts- beziehungsweise Panelerhebungen wird eine bestimmte Anzahl von Personen zu mehreren Zeitpunkten mit demselben Erhebungsinstrument befragt. Die Beobachtung derselben Personen über einen längeren Zeitraum liefert für die Glücksforschung besonders aussagekräftige Daten (vgl. Frey/ Frey Marti 2010: 34). Beim Sozio-Ökonomischen Panel werden jedes Jahr in Deutschland über 20.000 Personen aus rund 11.000 Haushalten befragt (vgl. Deutsches Institut für Wirtschaftsforschung 2012). Umweltbewertungsstudien nach dem Lebenszufriedenheitsansatz lassen sich daher sehr kostengünstig und zeitsparend durchführen, da auf die oft frei verfügbaren Umfrageergebnisse dieser Institute zurückgegriffen werden kann. Die genutzten Stichproben sind dadurch zudem wesentlich größer und damit repräsentativer als bei vergleichbaren Revealed- oder Stated-Preference-Studien (vgl. Fujiwara/ Campbell 2011: 36f).

In den Glücksumfragen wird die einfache Frage gestellt, wie glücklich die Individuen sich selbst einschätzen und sie sollen dieser Einschätzung einen Wert auf einer vorgegebenen Skala zuordnen. Die Frage nach dem Glück wird je nach Umfrage immer etwas anders gestellt. Synonyme fürs Glück sind hierbei „Lebenszufriedenheit“ „Zufriedenheit“ und „Wohlbefinden“. Im Eurobarometer Survey sollen die Befragten ihre Lebenszufriedenheit auf einer verbalen 4-Punkte-Skala einschätzen: „On the whole, are you very satisfied, fairly satisfied, not very satisfied or not at all satisfied with the life you lead?“ (European Commission 2011: 7). Im Sozio-Ökonomischen Panel bewerten die

Individuen ihre Zufriedenheit auf einer 10-Punkte-Skala: „Zum Schluss möchten wir Sie noch nach Ihrer Zufriedenheit mit Ihrem Leben insgesamt fragen. Antworten Sie bitte wieder anhand der folgenden Skala, bei der (0) ganz und gar unzufrieden, (10) ganz und gar zufrieden bedeutet." (Deutsches Institut für Wirtschaftsforschung 2011: 35).

Neben der Einschätzung der Befragten hinsichtlich ihrer persönlichen Lebenszufriedenheit, werden in den Umfragen auch demografische und geografische Daten der Befragten ermittelt, wie unter anderem Wohnort, Alter, Geschlecht, Beziehungsstatus, Haushaltsgröße, Bildungsstand, Beschäftigungsverhältnis und Einkommen (vgl. Welsch/ Kühling 2009: 388; Welsch 2009: 2736). In Zufriedenheitsstudien wird dann mittels eines linearen Regressionsmodells untersucht, inwieweit das beobachtete individuelle Wohlbefinden von den erfassten Faktoren abhängt. Wenn der Einfluss aller anderen Variablen konstant gehalten wird, kann der spezifische Einfluss einer bestimmten Variablen auf das Glück erfasst werden (vgl. Frey/ Frey Marti 2010: 35).

3.2 Datenqualität

Daten zur selbsteingeschätzten Lebenszufriedenheit von Personen werden in der Ökonomie immer häufiger als empirische Näherungswerte für den individuellen Nutzen verwendet (vgl. Welsch/ Kühling 2009: 387). Es wird davon ausgegangen, dass die Lebenszufriedenheit eine gute Annäherung an den in der ökonomischen Theorie verwendeten Nutzen einer Person ist. Die Nutzenfunktion und die Indifferenzkurven einer Person können so mit Glücksstudien direkt beobachtet werden (vgl. Fujiwara/ Campbell 2011: 15). Im Gegensatz zu anderen Umweltbewertungsmethoden wird beim Lebenszufriedenheitsansatz das Verhalten nicht als Indikator des individuellen Nutzens gesehen, sondern man lässt die Menschen ihren Nutzen selbst einschätzen. Der subjektive Ansatz trägt den vielen Ideen und Vorstellungen verschiedener Menschen über das Glück und ein gutes Leben Rechnung (vgl. Frey et al. 2004: 4). Allerdings könnte man es als unwissenschaftlich ansehen, sich auf subjektive Urteile zu verlassen. Dies kann weitestgehend widerlegt werden, da die Daten den allgemeinen Ansprüchen an die Datenqualität genügen: Reliabilität, Validität, Konsistenz, Vergleichbarkeit.

Reliabilität: Reliabilität ist gegeben, wenn die Antworten auf Lebenszufriedenheitsfragen nicht stark von emotionalen Schwankungen beeinflusst werden oder gar willkürlich sind und wenn sich das Zufriedenheitsniveau zusammen mit den Lebensumständen ändert. In frühen sowie späteren Glücksstudien zeigten wiederholte Befragungen in unterschiedlichen Zeitabständen, dass die Selbsteinschätzungen zur Zufriedenheit erstaunlich stabil sind. Die Antworten werden zwar in gewissem Maß von kurzlebigen Einflüssen wie dem Wetter oder der aktuellen Stimmung des Befragten verzerrt, dennoch wurden die Lebenszufriedenheitsdaten als ausreichend verlässlich für die wissenschaftliche Forschung eingestuft (vgl. Easterlin 1974: 96; Krueger/ Schkade 2008: 1843).

Validität: Valide Daten geben die wahren inneren Gefühle der Befragten wieder. In Glücksumfragen zeigt sich, dass Menschen sehr gut ihre eigene Zufriedenheit einschätzen können und bereit sind, diese anzugeben. Nichtbeantwortungen von Fragen zum persönlichen Wohlbefinden sind sehr selten, ebenso verhält es sich mit Beantwortungen der Frage mit „Weiß ich nicht" (unter 1 Prozent) (vgl. Veenhoven 2000: 265). Zufriedenheitsdaten können allerdings durch die Wortwahl der Frage oder die Präsenz eines Interviewers, wodurch vermehrt die soziale Erwünschtheit der Antwort bedacht wird, systematisch verzerrt werden (vgl. Easterlin 1974: 98). Ebenso beeinflusst der Kontext, in dem die Frage gestellt wird, das Ergebnis. Wenn der Lebenszufriedenheitsfrage eine Frage vorangestellt wird, die den Fokus des Befragten zu einem bestimmten Lebensaspekt lenkt (zum Beispiel zu seinem Beziehungsleben), wird diesem übermäßig viel Gewicht zugeschrieben. Dies verzerrt die Frage nach der allgemeinen Lebenszufriedenheit dann systematisch (vgl. Kahnemann/ Sugden 2005: 172f). Dieses Problem der „Focusing Illusion" betrifft ebenfalls Umweltbewertungen nach der Contingent-Valuation-Methode, da sie die Aufmerksamkeit des Befragten direkt auf Umweltprobleme lenkt. So wird dem Umweltproblem vom Befragten vermutlich mehr Bedeutung zugeschrieben als diesem tatsächlich in seinem Leben zukommt. Beim Lebenszufriedenheitsansatz kann man den Focusing-Illusion-Effekt weitgehend mit der Experience-Sampling-Methode oder der Day-Reconstruction-Methode umgehen. Bei ersterer führen die Probanden ständig einen Minicomputer mit sich, der sie in zufälligen Zeitabständen dazu auffordert, ihr aktuelles Befinden festzuhalten. Bei der zweiten Methode führen die Probanden eine Art Tagebuch, in welcher sie am Ende des Tages ihr Befinden in den verschiedenen Abschnitten ihres Tagesverlaufs aufschreiben (vgl. Kahnemann/ Sugden 2005: 173/ 175). Diese Methoden vermeiden das Problem der „Focusing Illusion" ebenso wie die Verzerrungen, die durch die Rekonstruktion des vergangenen Nutzens aus dem Gedächtnis der Befragten entstehen. Allerdings sind diese Ansätze wesentlich aufwändiger und kostspieliger als normale Umfragen (vgl. Krueger/ Schkade 2008: 1834).

Konsistenz: Lebenszufriedenheitsdaten müssen weiterhin konsistent sein, das heißt, dass Angaben zur subjektiven Zufriedenheit mit objektiven Beobachtungen übereinstimmen. Angaben zur subjektiven Zufriedenheit korrelieren signifikant mit mimischen Aktivitäten wie Lächeln. Glückliche Menschen lächeln bei sozialen Interaktionen häufiger (vgl. Fernández-Dols/ Ruiz-Belda 1995: 1118). Zufriedene Menschen zeigen ebenso eine bestimmte Gehirnaktivität in der linken präfrontalen Hirnrinde, welche mit positiven Empfindungen assoziiert ist (vgl. Urry et al. 2004: 368f). Zudem werden glückliche Menschen in der Regel auch von Familienmitgliedern und Freunden als glücklich eingeschätzt (vgl. Sandvik et al. 1993: 335f).

Vergleichbarkeit: Um Daten vernünftig interpretieren zu können, müssen die bei Befragungen erhaltenen Antworten zur Zufriedenheit interpersonell sowie interkulturell vergleichbar sein. Generell hat jede Person ihren eigenen Bezugsrahmen, in dem sie „glücklich" und „unglücklich" misst, weshalb Vergleichbarkeit theoretisch nicht gegeben ist. In der Praxis zeigt sich jedoch, dass Menschen ähnliche Vorstellungen vom Glück haben und diese in vergleichbarer Weise ausdrücken können: Individuen derselben Sprachgemeinde transformieren verbale Einschätzungen wie „sehr gut" oder „sehr schlecht" in ähnliche numerische Werte (vgl. Van Praag 1991: 76ff; Van Praag/ Frijters 1999: 419). Auch kulturübergreifend lassen sich Aussagen zum subjektiven Wohlbefinden besser vergleichen, als man annehmen sollte. Das Konzept „Glück" ist intuitiv verständlich und lässt sich gut in andere Sprachen übersetzen. Cantril hat in seiner Studie von 1965 viel Übersetzungsaufwand betrieben, um die Zufriedenheit von Menschen in 14 Ländern zu erfassen. Die Ergebnisse zeigten, dass die Faktoren, die das Glück beeinflussen, in den meisten Kulturen sehr ähnlich sind. Überall verbringen die Menschen den Großteil ihrer Zeit damit, den Lebensunterhalt für sich und ihre Familie zu verdienen. Die Hoffnungen, Wünsche und Maßstäbe fürs Glück sind in der Konsequenz sehr ähnlich und drehen sich in erster Linie um die persönliche ökonomische Situation, die Gesundheit und die Familie (vgl. Cantril 1965: 35ff).

Insgesamt lässt sich feststellen, dass die Qualität der Lebenszufriedenheitsdaten ausreicht, um die Faktoren zu identifizieren, die das Glück beeinflussen. Dies ist entscheidend, um Umweltgüter mit dem Lebenszufriedenheitsansatz zu bewerten. Selbst der ordinale Charakter von Lebenszufriedenheitsdaten mindert nicht die Qualität der Ergebnisse, was im nächsten Abschnitt noch erläutert wird.

3.3 Berechnung WTP und WTA

Bei Umweltbewertungsstudien interessiert der Einfluss, den eine Umweltveränderung auf die Lebenszufriedenheit hat. Um diesen monetär zu erfassen, muss der Einfluss des Einkommens auf das Glück bekannt sein. Eine sehr vereinfachte Form einer Lebenszufriedenheitsfunktion zur Umweltbewertung könnte folgendermaßen aussehen (vgl. Welsch/ Kühling 2009: 390):

$$LS_{ijt} = F(M_{ijt}, Q_{jt}, X_{jt}, D_{ijt}, E_{ijt}) \qquad (1)$$

Hierbei steht *LS* für die Lebenszufriedenheit des Individuums *i*, wohnhaft am Ort *j*, zur Zeit *t*. *M* ist das Einkommen des Individuums. *Q* steht für den Zustand des relevanten Umweltgutes. Dies könnte in diesem Beispiel die Luftqualität am Ort *j* zur Zeit *t* sein. X ist ein Vektor für die glücksrelevanten Faktoren auf dem Makrolevel; dies könnten unter anderem die Arbeitslosen- und die Kriminalitätsrate am Ort *j* zur Zeit *t* sein. *D* steht für die glücksrelevanten Faktoren auf dem Mikrolevel, wie zum Beispiel die Gesundheit und der Familienstand des Individuums *i*. *U* umfasst jene Faktoren auf dem Mikrolevel, welche die Zufriedenheit beeinflussen, jedoch nicht beobachtet werden können. In der Praxis werden die Einflüsse der einzelnen Faktoren auf die Lebenszufriedenheit ökonometrisch geschätzt, indem eine Regressionsanalyse mit Querschnitts- oder Paneldaten durchgeführt wird. In der Regel wird hierbei eine lineare Beziehung zwischen der Lebenszufriedenheit und den interessierenden Faktoren angenommen. Die Regressionsfunktion könnte somit folgendermaßen aussehen (vgl. Fujiwara/ Campbell 2011: 14):

$$LS^*_{ijt} = \alpha + \beta_1 M_{ijt} + \beta_2 Q_{jt} + \beta_3 X_{jt} + \beta_4 D_{ijt} + e_{ijt} \qquad (2)$$

LS^* ist die abhängige Variable und resultiert aus den Werten der unabhängigen Variablen *M*, *Q*, *X* und *D*. β_1, β_2, β_3 und β_3 sind die Koeffizienten, die mithilfe des Regressionsmodells geschätzt werden sollen. Sie geben Auskunft über die Stärke des Einflusses der jeweiligen Variable auf die Lebenszufriedenheit (vgl. Frey/ Frey Marti 2010: 34f). Hätte β_1 beispielsweise einen Wert von 0,034, würde dies bedeuten, dass bei einer Einkommenserhöhung um eine Einheit die Lebenszufriedenheit um 0,034 Indexpunkte auf der Zufriedenheitsskala steigen würde. α ist der Schnittpunkt der geschätzten Regressionsgerade mit der Ordinate und eine Konstante mit relativ wenig Aussagekraft. Der Fehlerterm e_{ijt} ist die Differenz zwischen den rechnerischen und den empirisch beobachteten LS-Werten.

Die Regressionsfunktion kann mit der Methode der kleinsten Quadrate geschätzt werden. Bei der Methode der kleinsten Quadrate wird zu der Punktwolke der in den Befragungen erhaltenen Daten eine Gerade gesucht, die möglichst nahe an den Datenpunkten verläuft. Die Geradenparameter werden so bestimmt, dass die Summe der quadratischen Abweichungen der beobachteten Punkte von der Gerade minimiert wird (vgl. Von Auer: 53ff). Die Wahl der geeigneten Berechnungsmethode ist unter anderem davon abhängig, ob die Daten ordinal oder kardinal sind. Ob die Antworten auf Lebenszufriedenheitsfragen als ordinale oder kardinale Daten interpretiert werden können, ist kontrovers. Bei einer ordinalen Skala kann man feststellen, dass Person A mit einem Zufriedenheitsindex von 6 auf einer Skala von 1 bis 10 glücklicher ist als Person B mit einem Zufriedenheitsindex von 3. Man kann allerdings nicht sagen, dass Person A doppelt so glücklich ist wie Person B (vgl. Ferrer-i-Carbonell/ Gowdy 2006: 511). Bei kardinalen Daten wäre eine solche Aussage zulässig, da sie implizieren, dass die Größe des Abstandes zwischen zwei Werten regelmäßig ist. Wenn man annimmt, dass die Lebenszufriedenheitsdaten kardinal sind, können die Koeffizienten der LS-Funktion mit der Methode der kleinsten Quadrate berechnet werden. Bei ordinalen Daten bietet sich eher das Ordered-Probit oder das Ordered-Logit-Modell an, bei welchen die Koeffizienten mit der Maximimum-Likelihood-Methode geschätzt werden (vgl. Ferrer-i-Carbonell/ Frijters 2004: 648). Ferrer-i-Carbonell und Frijters zeigten in ihrer Studie von 2004, dass es für die Berechnung der Koeffizienten qualitativ keinen Unterschied macht, ob die Lebenszufriedenheitsdaten als ordinal oder kardinal betrachtet werden. Sowohl bei der Anwendung der Kleinstquadratmethode sowie bei der Verwendung eines Ordered- Probit- oder Ordered-Logit-Modells sind die Vorzeichen der Koeffizienten und ihre Signifikanz gleich. Ebenso sind die Verhältnisse der Koeffizienten zueinander ähnlich (vgl. Ferrer-i-Carbonell/ Frijters 2004: 650). Bei Umweltbewertungen ist das Verhältnis der Koeffizienten zueinander entscheidend für die Höhe des monetären Wertes des Umweltgutes. Ein hypothetischer ordinaler Charakter der Zufriedenheitsdaten ist daher ausreichend, um sie für Umweltbewertungen zu nutzen (vgl. Welsch 2009: 2736; Welsch/ Kühling 2009: 388).

Wenn die Koeffizienten bekannt sind, kann die Grenzrate der Substitution zwischen Einkommen und Umweltgut errechnet werden, welche die marginale Bewertung des Umweltgutes darstellt. Marginal bedeutet hier eine Änderung um die kleinst mögliche Einheit: Am Beispiel der Luftqualität könnte eine marginale Änderung die Reduktion oder Erhöhung eines Luftschadstoffes um ein Mikrogramm pro Kubikmeter sein. Zur Vereinfachung soll nachfolgend eine reduzierte Form der Funktion (1) angenommen werden: $LS = F(M, Q)$. Wenn man von dieser Funktion das totale Differential bildet, gegeben dLS = 0, und nach der Grenzrate der Substitution auflöst, folgt:

$$GRS = \frac{dM}{dQ} = -\frac{\beta_2}{\beta_1} \qquad (3)$$

Die Grenzrate der Substitution ist somit der Quotient aus dem Grenzschaden der Verschmutzung des Umweltgutes und dem Grenznutzen des Einkommens beziehungsweise der Quotient aus dem Koeffizienten der Verschmutzung und dem Einkommenskoeffizienten. Die Grenzrate der Substitution gibt an, wie viele Einheiten vom Einkommen eine Person bereit ist aufzugeben, um eine zusätzliche marginale Einheit des Umweltgutes zu bekommen und dabei auf dem gleichen Glücksniveau zu bleiben. Anders ausgedrückt: Die Grenzrate der Substitution repräsentiert den Einkommensbetrag, der notwendig ist, um eine marginale Änderung der Umweltbedingungen zu kompensieren und die Zufriedenheit konstant zu halten (vgl. Welsch/ Kühling 2009: 390).
Infra-marginale Änderungen des Umweltzustandes werden eher mit den Hicks'schen Wohlfahrtsmaßen bewertet: der *Equivalent Variation* und der *Compensating Variation*. Bei infra-marginalen Änderungen gibt es einen Ausgangszustand und die Veränderung dieses Zustandes erfolgt in deutlich beobachtbarem Ausmaß. Dies gilt für die meisten Umweltveränderungen wie zum Beispiel Flutereignisse oder Smog-Episoden (vgl. Welsch/ Kühling 2009: 394). Die *Compensating Variation* repräsentiert den Einkommensbetrag, den ein Individuum nach einer Verschlechterung/ Verbesserung des Umweltzustandes bekommen/ abgeben müsste, um seine Zufriedenheit auf dem ursprünglichen Niveau – das heißt auf dem Niveau vor der Umweltveränderung – zu halten. Die *Equivalent Variation* ist der Einkommensbetrag, der ein Individuum auf das Zufriedenheitsniveau bringen würde, welches es nach einer bestimmten Umweltveränderung – welche aber nicht stattfindet – erlangen würde. Formal lassen sich die *Compensating Variation* (*CV*) und die *Equivalent Variation* (*EV*) folgendermaßen darstellen, wobei Q^0für den ursprünglichen Umweltzustand und Q^1 für dem Umweltzustand nach der Veränderung steht (vgl Welsch/ Kühling 2009: 390):

$$F(Q^0, M) = F(Q^1, M - CV) \qquad (4)$$

$$F(Q^1, M) = F(Q^0, M + EV) \qquad (5)$$

Die Berechnung der *Equivalent Variation* ist sinnvoll, wenn eine Verbesserung des Umweltzustandes herbeigeführt werden soll und kann in diesem Zusammenhang als Willingness-to-Pay bezeichnet werden. Die *Compensating Variation* wird oft in Fällen berechnet, wenn eine Verschlechterung des Umweltzustandes erfolgt und kann in diesem Fall als Willingness-to-Accept betrachtet werden (vgl. Fujiwara/ Campbell 2011: 9/ 14).

3.4 Stärken und Schwächen des Lebenszufriedenheitsansatzes

3.4.1 Strategisches Verhalten/ Anwendbarkeit

Beim Lebenszufriedenheitsansatz wird der Zusammenhang zwischen dem öffentlichen Gut und dem Wohlbefinden implizit abgeleitet. Strategisches Verhalten ist daher im Grunde ausgeschlossen, da die Befragten nicht wissen, für welchen Zweck ihre Antworten verwendet werden. In dieser Hinsicht hat der Lebenszufriedenheitsansatz einen Vorteil gegenüber der Contingent-Valuation-Methode (vgl. Frey et al. 2004: 7; Welsch 2005: 802). Im Gegensatz zur Contingent-Valuation-Methode erfordert der Lebenszufriedenheitsansatz von den Befragten zudem keine ungewohnte, kognitive Leistung. Eine Frage nach dem subjektiven Wohlbefinden lässt sich wesentlich leichter beantworten als eine Frage nach der Zahlungsbereitschaft für ein Umweltgut (vgl. Welsch/ Kühling 2009: 393).

Allerdings ist der Lebenszufriedenheitsansatz nicht so breit anwendbar wie die Contingent-Valuation-Methode. Mit dem Lebenszufriedenheitsansatz werden nur Güter erfasst, deren Nutzen das Individuum tatsächlich erfährt oder erfahren hat. Der Existenzwert eines Umweltgutes lässt sich daher mit dieser Methode nicht errechnen. Ein Naturmonument, wie zum Beispiel der Grand Canyon, kann von einem Individuum für seine bloße Existenz wertgeschätzt werden. Diese Wertschätzung kann mit dem Lebenszufriedenheitsansatz aber nicht erfasst werden, da das Vorhandensein des Grand Canyon nicht mit einem erfahrenen, hedonischen Nutzen für das Individuum verbunden ist. Ebenso ist es mit dem Lebenszufriedenheitsansatz nur sehr eingeschränkt möglich, den Wert von Umweltänderungen zu erfassen, die in der Zukunft liegen (zum Beispiel Klimaveränderungen), da die Methode auf dem erfahrenen Nutzen eines Individuums basiert (vgl. Kahnemann/ Sugden 2005: 176; Fujiwara/ Campbell 2011: 30).

3.4.2 Annahmen/ Informationsstand der Befragten

Der Lebenszufriedenheitsansatz hat im Gegensatz zur Hedonic-Pricing-Methode den Vorteil, dass er nicht auf strengen Annahmen bezüglich des Marktes (Marktgleichgewicht, sofortige Preisanpassungen) und des Verhaltens der Marktteilnehmer (perfekte Information, keine Mobilitätskosten) basiert (vgl. Ferreira/ Moro 2010: 254). Der Ansatz erfasst explizit Nutzeneinbußen in Abwesenheit eines Marktgleichgewichts (vgl. Frey et al. 2004: 8). Beim Hedonic-Pricing-Ansatz wird angenommen, dass die Individuen vollständig über die Häuserpreise und umweltbedingten Vor- und Nachteile einer Region informiert sind. Auch bei der Contingent-Valuation-Methode hängen die Ergebnisse zum Großteil vom Informationsstand der Befragten bezüglich des untersuchten Umweltproblems ab. Beim Lebenszufriedenheitsansatz hingegen beeinflusst das Wissen der Befragten über ein Umweltproblem nicht die Ergebnisse. Beispielsweise können Menschen, die an ihrem Wohnort nuklearer Strahlung oder Luftverschmutzung ausgesetzt sind, eine schlechtere Gesundheit haben, was wiederum ihr Wohlbefinden mindert. Mit dem Lebenszufriedenheitsansatz wird dieser umweltbedingte Zufriedenheitsverlust erfasst, ohne dass sich die Befragten der kausalen Beziehung zwischen ihrem Wohnort und ihrem Gesundheitszustand bewusst sein müssen (vgl. Welsch/ Kühling 2009: 393; Welsch 2006: 802). Der Lebenszufriedenheitsansatz erfasst damit auch die indirekten Effekte einer Externalität, in diesem Beispiel über die Gesundheit (vgl. Frey et al. 2004: 9).

3.4.3 Komplementäre Ansätze

Theoretisch müssten der Hedonic-Pricing-Ansatz und der Lebenszufriedenheitsansatz denselben Grenzpreis für Umweltbedingungen hervorbringen. Voraussetzung wäre hierbei, dass die für den Hedonic-Pricing-Ansatz notwendige Annahme des Marktgleichgewichts gegeben ist und dass beim Lebenszufriedenheitsansatz alle relevanten Variablen in der Regressionsgleichung enthalten sind (vgl. Ferreira/ Moro 2010: 253f). Der Lebenszufriedenheitsansatz kann daher komplementär zur Hedonic-Pricing-Methode angewendet werden. Mit dem Lebenszufriedenheitsansatz kann die für den Hedonic-Pricing-Ansatz notwendige Annahme des Marktgleichgewichts überprüft werden: Wenn der Häusermarkt im Gleichgewicht ist und alle Effekte der untersuchten Umweltexternalität (Luftverschmutzung/ Lärmbelastung) erfasst wurden, dürfte die Lebensqualität nicht systematisch mit der Externalität korrelieren. Im Marktgleichgewicht hätten – ceteris paribus – alle Individuen den gleichen Nutzen, egal wo sie wohnen (vgl. Luechinger 2009: 483; Van Praag/ Baarsma 2005: 234). Falls kein Marktgleichgewicht vorliegt, könnte mit dem Lebenszufriedenheitsansatz der Teil der Externalität geschätzt werden, für den die Individuen nicht bereits durch die Mietpreise und Löhne kompensiert werden (vgl. Ferreira/ Moro 2010: 253; Luechinger 2009: 483; Frey et al. 2004: 8).

3.4.4 Verzerrungen der Umweltwerte

An vielen Studien, die mit dem Lebenszufriedenheitsansatz arbeiten, wurde kritisiert, dass die errechneten Werte für nicht-marktgängige Güter unplausibel hoch sind (Dolan et al. 2011: 7; Fujiwara/ Campbell 2011: 37). Dies hat sowohl methodische als auch inhaltliche Ursachen. Probleme können sowohl bei der Errechnung des Grenznutzens des nicht-marktgängigen Gutes als auch bei der Errechnung des Grenznutzens des Einkommens auftreten. Gleichung (3) zeigte bereits, dass sich die Zahlungsbereitschaft für eine Umweltqualitätsverbesserungen beim Lebenszufriedenheitsansatz aus dem Quotienten des Koeffizienten der Umweltveränderung und dem Einkommenskoeffizienten ergibt. Die Höhe der Koeffizienten ist demnach entscheidend für die monetären Umweltwerte, die mit dem Lebenszufriedenheitsansatz errechnet werden. Auf die Probleme, die bei der Schätzung des Koeffizienten der Umweltveränderung auftreten können, soll an dieser Stelle nicht eingegangen werden, da sich die Arbeit auf die Rolle des Einkommens konzentriert. Wenn also der Koeffizient der Umweltveränderung gegeben ist, kann eine Verzerrung des Einkommenskoeffizienten die errechnete Einkommenskompensation verfälschen. Fällt der Einkommenskoeffizient sehr klein aus, ist die WTP für eine Umweltverbesserung in der Folge entsprechend hoch. Inhaltlich gesehen heißt das: Je unwichtiger das Einkommen für das Glück eingeschätzt wird, desto stärker tritt der Einfluss anderer Faktoren auf das Glück hervor, in diesem Fall der Einfluss der Umweltqualität. Im Folgenden werden daher die Probleme der Endogenität aufgeführt, also eine Korrelation zwischen Fehlerterm und ein oder mehreren unabhängigen Variablen, die zu einer Verzerrung des Einkommenskoeffizienten führen (vgl. Rottmann/ Auer 2012).

3.5 Verzerrungen des Einkommenskoeffizienten

3.5.1 Auslassen relevanter Variablen: Charaktereigenschaften

Der Fehlerterm e_{ijt} einer Lebenszufriedenheits-Regressionsgleichung (siehe Gleichung (2)) beinhaltet zum einen Zufallselemente, die bei jeder Beobachtung vorkommen. Ebenso soll der Term unsystematische Erhebungs- und Messfehler berücksichtigen. Zum anderen enthält der Fehlerterm Faktoren, die nicht oder nur zu unmäßig hohen Kosten beobachtbar sind, wie zum Beispiel die Charakterzüge eines Individuums (introvertiert/ extrovertiert) (vgl. von Auer 2011: 36). Zeitunabhängige, unbeobachtete Faktoren – wie die Charaktereigenschaften eines Individuums – die im Fehlerterm verbleiben, aber systematisch mit der Lebenszufriedenheit und/ oder einer oder mehrerer erklärender Variablen korrelieren, können das Ergebnis einer Lebenszufriedenheitsregression verzerren. Der Charakter eines Individuums ist eng verknüpft mit seiner Zufriedenheit und sollte daher in einer Untersuchung der Lebenszufriedenheit berücksichtigt werden. Diener und Lucas bestätigten, dass die Charaktereigenschaften eines Individuums signifikant mit seiner Zufriedenheit korrelieren. Extrovertiertheit hängt positiv mit dem Wohlbefinden zusammen, während sich emotionale Instabilität negativ auf die Zufriedenheit auswirkt (vgl. Diener/ Lucas 1999: 219/ 226). Persönlichkeitseigenschaften bleiben in der Regel im Erwachsenenalter sehr stabil und sind damit konstante, individuenspezifische Faktoren, welche die Zufriedenheit beeinflussen (vgl. Diener/ Lucas 1999: 214f). Die Berücksichtigung der Charakterzüge in Lebenszufriedenheitsregressionen ist im Allgemeinen für eine vollständige Modellspezifikation und im Besonderen für die korrekte Schätzung des Einkommenskoeffizienten elementar. Dies gilt insbesondere, wenn die Einkommensvariable das Erwerbseinkommen einer Person ist. Gemäß psychologischen Erkenntnissen sind emotional stabile Menschen mit größerer Wahrscheinlichkeit nicht nur glücklicher sondern auch produktiver im Arbeitsleben (vgl. Salgado 1997: 34f). Somit ist es denkbar, dass glückliche Menschen durchschnittlich mehr Geld verdienen als unglückliche. Wenn diese Eigenschaften nicht in der Regression berücksichtigt werden, wird der Einfluss des Einkommens überschätzt und der Einkommenskoeffizient wäre somit zu hoch (vgl. Powdthavee 2010: 78).

Charaktereigenschaften in Lebenszufriedenheitsregressionen zu berücksichtigen ist allerdings schwierig, da die Datengrundlage der Regressionen Befragungen sind, die zwar viele sozio-ökonomische Fakten, jedoch nicht die persönlichen Eigenschaften der Befragten erfassen. Basiert die Lebenszufriedenheitsregression auf Querschnittsdaten, kann man die durchschnittliche Lebenszufriedenheit aller Befragten als unabhängige Variable wählen und hoffen, dass sich die Heterogenität der Individuen ausgleicht. Voraussetzung hierfür ist, dass die Daten repräsentativ sind (vgl. Welsch 2006: 804). Bei Regressionsmodellen, die auf Paneldaten beruhen, gibt es die Möglichkeit, die individuelle Heterogenität durch die Anwendung eines Fixed-Effects-Modells zu berücksichtigen. Da bei Panelbefragungen dieselben Individuen wiederholt über mehrere Jahre befragt werden, kann man jene Effekte auf das Glück, die auf Charaktereigenschaften zurückzuführen sind, mit individuenspezifischen Dummy-Variablen einfangen. Auf diese Weise erkennt man die Änderungen in der Lebenszufriedenheit, die ausschließlich auf externe Faktoren zurückzuführen sind. (vgl. Woolridge 2006: 485ff).

3.5.2 Messfehler

Bei der Erfassung des Einkommens in den Umfragen können Messfehler auftreten. In vielen Umfragen wird nicht nach dem genauen Einkommensbetrag gefragt, sondern die Befragten ordnen ihr Einkommen vorgegebenen Einkommenskategorien zu. Wird das Einkommen auf diese Weise in Intervallen erfasst, verursacht dies bereits eine gewisse Ungenauigkeit der Daten und damit der Ergebnisse (vgl. Ferreira/ Moro 2010: 268). Des Weiteren können die Angaben zum Einkommen verweigert werden oder falsch sein. Ferreira und Moro stützten sich in ihrer Studie von 2010, in der sie die Effekte der Umweltbedingungen in verschiedenen Regionen von Irland auf das Wohlbefinden untersuchten, auf Daten, bei denen bei 23,7 Prozent der Befragten die Angaben zum Gehalt fehlten. Die Autoren konstruierten die fehlenden Gehälter auf Basis der sozio-demografischen Charakteristiken der entsprechenden Personen (vgl. Ferreira/ Moro 2010: 257). Um ihre mit diesen Daten erzielten Ergebnisse zu überprüfen, ließen sie in einem Robustheitstest Selbstständige aus der Stichprobe heraus. Sie stützten sich hierbei auf Luechinger, gemäß dessen Beobachtungen Selbstständige öfter Aussagen zu ihrem Einkommen verweigern und dazu neigen, ein niedrigeres als ihr tatsächliches Einkommen anzugeben (vgl. Luechinger 2009: 492). Die monetären Werte für die untersuchten Umweltbedingungen (u.a. lokale Luftverschmutzung) waren in diesem Test zwar etwas niedriger, allerdings nicht signifikant anders als vorher (vgl. Ferreira/ Moro 2010: 269). In einem anderen Fall spielten Messfehler eine relevante Rolle für die Ergebnisse: Powdthavee nutzte für seine Lebenszufriedenheitsregressionen Daten vom British Household Panel Survey von 1996 bis 2004. Für eine Regression nutzte er nur den Anteil der Personen aus der Stichprobe, welche während der Befragung ihre aktuelle Gehaltsabrechnung beim Interviewer vorgelegt hatten. Bei dieser Regression konnte davon ausgegangen werden, dass die Einkommensangaben exakt waren. Der Einkommenskoeffizient lag in der Folge wesentlich höher als bei der Basisregression, die mit der kompletten Stichprobe durchgeführt wurde (vgl. Powdthavee 2010: 81/ 85). Es ist von Fall zu Fall verschieden, wie stark sich Messfehler auf die Höhe des Einkommenskoeffizienten auswirken. Die Möglichkeit der Verzerrung der Ergebnisse durch diesen Faktor sollte daher in Lebenszufriedenheitsregressionen bedacht und nach Möglichkeit überprüft werden.

3.5.3 Opportunitätskosten des Einkommens

Wenn die WTP oder WTA eines nicht-marktgängigen Gutes berechnet wird, betrachtet man ausschließlich die exogene Veränderung des Einkommens, die notwendig wäre, um ein Individuum auf demselben Nutzenniveau zu halten. Ein monetärer Betrag, welcher ein Individuum trotz einer Verschlechterung des betrachteten Umweltgutes auf demselben Zufriedenheitsniveau halten würde, müsste das Einkommen des Individuums somit „von außen“ aufstocken. Die Einkommensvariable, die im Lebenszufriedenheitsansatz verwendet wird, misst allerdings in der Regel das Haushaltseinkommen, welches sich zum Großteil aus der Erwerbsarbeit der Haushaltsmitglieder speist. Erwerbsarbeit ist wiederum mit Kosten für den Erwerbstätigen verbunden, wie der Verlust an Freizeit, die Anfahrt zur Arbeit und Stress. Das Haushaltseinkommen ist somit kein exogener Faktor (vgl. Fujiwara/ Campbell 2011: 39). Das Erwerbseinkommen korreliert positiv mit Faktoren wie Arbeitszeit und Pendelzeit. Dieselben Faktoren wirken aber negativ auf die Lebenszufriedenheit. Wenn diese Faktoren in der Regression nicht kontrolliert, das heißt, konstant gehalten werden, ist der resultierende Einkommenskoeffizient zu niedrig (vgl. Powdthavee 2010: 78).

Eine Möglichkeit, die Opportunitätskosten zu kontrollieren, ist es, Situationen zu beobachten, in denen das Einkommen rein exogen ist. Dies ist zum Beispiel bei Lotteriegewinnen der Fall. Im Kapitel 4.1.3 wird auf jene Studien eingegangen, welche die Auswirkungen exogener Einkommensschocks auf die Lebenszufriedenheit untersuchten. Solche exogenen Einkommensschocks lassen sich aber eher selten beobachten. Für die meisten Lebenszufriedenheitsstudien ist das Haushaltseinkommen, welches die Befragten in den üblichen Umfragen angeben (General Social Survey, British Household Panel etc.), der einzige Messwert für das Einkommen. In diesem Fall könnte eine Instrumentvariable für das Einkommen eingesetzt werden. Die Instrumentvariable ersetzt die erklärende Variable – wie in diesem Fall das Haushaltseinkommen – durch eine andere Größe, die zwar in engem Zusammenhang mit dem Haushaltseinkommen steht, aber nicht mit dem Fehlerterm korreliert und keinen unabhängigen Effekt auf die Lebenszufriedenheit hat (vgl. Powdthavee 2010: 79). Levinson erstellte in seiner Studie zur Umweltbewertung der Luftqualität in den USA nach dem Lebenszufriedenheitsansatz eine Instrumentvariable für das Einkommen: Er nutzte die Daten des Consumer Population Surveys, um die durchschnittlichen, jährlichen Verdienste in verschiedenen Bundesstaaten, Branchen und Berufen zu errechnen. Diese Durchschnittsverdienste ordnete er dann den Befragten des General Social Surveys entsprechend ihrer Erwerbstätigkeit zu. So nutzte er die Durchschnittsverdienste der/ des Befragten und ihres Ehepartners/ seiner Ehepartnerin als Instrument für das im General Social Survey angegebene Haushaltseinkommen. Dieses Instrument wurde gewählt, weil zum Einen angenommen wurde, dass die Branche und der Beruf nur über das Einkommen auf die

Lebenszufriedenheit wirken und keinen unabhängigen Einfluss auf das Glück haben. Zum Zweiten wurde angenommen, dass die Höhe des Einkommens nur durch Branche und Beruf bestimmt wird und nicht durch persönliche Anstrengungen, welche die Zufriedenheit schmälern könnten. Wenn diese Annahmen gegeben sind, fängt das Einkommensinstrument den exogenen Einfluss des Einkommens auf das Glück ein (vgl. Levinson 2012: 875). In den meisten Fällen führt der Einsatz einer Instrumentvariable fürs Einkommen zu einem höheren Einkommenskoeffizient. In Kapitel 5.2.1 wird genauer darauf eingegangen, wie sich die Werte für die Luftqualität in einigen Umweltbewertungsstudien veränderten, als Instrumentvariablen für das Einkommen eingesetzt wurden.

3.5.4 Indirekte Effekte des Einkommens

Wenn die indirekten Effekte des Einkommens auf das Glück in einer Lebenszufriedenheitsregression missachtet werden, kann dies ebenfalls den Einkommenskoeffizienten nach unten verzerren. Einkommen hat zum einen den direkten Nutzeneffekt, dass man das gute Gefühl hat, mehr Geld auf dem Konto zu haben. Zum anderen wirkt sich das Einkommen indirekt über die Güter und Dienstleistungen, die man durch das Geld erwerben kann, auf das Wohlbefinden aus. Mit großer Wahrscheinlichkeit hat das Einkommen indirekte, positive Effekte auf den Wohnort, auf die Gesundheit, auf soziale Beziehungen und den Beziehungsstatus. Dolan et al. (2011) führen hohe monetäre Werte für nicht-marktgängige Güter, die mit dem Lebenszufriedenheitsansatz errechnet wurden, darauf zurück, dass die indirekten Effekte des Einkommens nicht angemessen berücksichtigt wurden. Der Einfluss des Einkommens auf die Lebenszufriedenheit würde somit unterschätzt (vgl. Dolan et al. 2011: 3). Bei der Contingent-Valuation-Methode werden die indirekten Einkommenseffekte berücksichtigt, wenn man davon ausgehen kann, dass die Befragten sich der entgangenen Verwendungsmöglichkeiten ihres Geldes bewusst sind, bevor sie eine Zahlungsbereitschaft für das untersuchte Gut formulieren. Ähnlich verhält es sich mit der Hedonic-Pricing-Methode, da man hier davon ausgeht, dass die Häuserpreise eine Reflektion der Käufer über die Verwendung ihres Einkommens mit einschließt (vgl. Fujiwara/ Campbell 2011: 38/ Dolan et al. 2011: 7).

Um die indirekten Effekte des Einkommens in Lebenszufriedenheitsregressionen zu berücksichtigen, schlagen Dolan et al. die Instrumentierung aller erklärenden Variablen vor (vgl. Dolan et al. 2011: 6). Alternativ empfehlen sie den von ihnen entwickelten

Step-Approach zur Berücksichtigung der indirekten Effekte des Einkommens, auf den in Kapitel 5.2.2 eingegangen wird.

3.5.5 Auslassen relevanter Variablen: Relativeinkommen

Ein weiterer Faktor, dessen Auslassen die Ergebnisse einer Lebenszufriedenheitsregression verzerren kann, ist das relative Einkommen. Das absolute Einkommen ist Teil jeder Lebenszufriedenheitsregression in Umweltbewertungsstudien. Das absolute Einkommen ist zum Beispiel das Haushaltseinkommen, also der Einkommensbetrag eines Individuums, welcher diesem im Jahr zur Verfügung steht. Die Höhe des absoluten Einkommens beeinflusst die Lebenszufriedenheit eines Individuums, wie im folgenden Kapitel noch bewiesen werden wird. Es wird sich ebenfalls zeigen, dass das relative Einkommen mindestens ebenso glücksrelevant ist: Zum einen hängt das Glück eines Menschen davon ab, wie viel Einkommen er im Vergleich zu seinen Referenzpersonen besitzt. Zum Zweiten setzen Menschen ihr Einkommen ins Verhältnis zu ihren vergangenen Geldbezügen und den Einkommenserwartungen, die sie an die Zukunft haben. Menschen gewöhnen sich also nach einer Einkommenserhöhung an ihren neuen Lebensstandard und passen ihre Erwartungen nach oben an. Diese beiden Einflussfaktoren müssten zusätzlich zum absoluten Einkommen in einer Lebenszufriedenheitsregression berücksichtigt werden, um die Wirkung des Einkommens auf das Glück vollständig abzubilden. Wenn das Einkommen der Personen, mit der sich ein Individuum vergleicht, in der Lebenszufriedenheitsregression nicht kontrolliert wird, würde der Einkommenskoeffizient wahrscheinlich zu klein ausfallen (vgl. Powdthavee 2010: 78). Für die Umweltbewertung würde dies bedeuten, dass die so errechneten Umweltwerte übermäßig groß wären. Ebenso könnte die Missachtung des Gewöhnungseffektes die Umweltwerte verzerren: Wenn sich Menschen an ihr Einkommen gewöhnen, unterscheiden sich der kurzfristige Nutzen und der langfristige Nutzen des Einkommens. In der Folge unterscheiden sich auch die mit dem Lebenszufriedenheitsansatz berechneten Umweltwerte, je nachdem ob sie auf kurzfristige oder langfristige Sicht bewertet werden (vgl. Luechinger 2009: 509). Wie genau das Einkommen auf die Zufriedenheit wirkt, ist somit maßgeblich für die Umweltbewertung nach dem Lebenszufriedenheitsansatz. Im anschließenden Kapitel wird daher der derzeitige Erkenntnisstand zum Zusammenhang zwischen Einkommen und Zufriedenheit zusammengetragen.

4. Einkommen und Lebenszufriedenheit

4.1 „Money buys happiness"

Auf mikroökonomischer Ebene lässt sich als ein robustes Ergebnis der empirischen Forschung ausmachen, dass zu jedem beliebigen Zeitpunkt reiche Menschen glücklicher sind als arme Menschen. Menschen mit höherem Einkommen haben mehr Möglichkeiten, ihre Wünsche und Bedürfnisse zu erfüllen, insbesondere was materielle Güter und Dienstleistungen angeht. Zudem genießen sie einen höheren Status in der Gesellschaft. Hohes Einkommen schafft daher Nutzen und ist mit einer größeren Zufriedenheit assoziiert. Der positive Zusammenhang zwischen Einkommen und Zufriedenheit erweist sich als statistisch signifikant (vgl. Frey/ Stutzer 2002: 409; Blanchflower/ Oswald 2004: 1375).

Easterlin untersuchte erstmals explizit die Auswirkungen des Einkommens auf die Zufriedenheit mit den Daten großangelegter Umfragen. Die von Easterlin untersuchten Befragungen zwischen 1946 und 1966 aus den USA und aus 11 anderen Ländern in Asien, Afrika und Lateinamerika zeigten, dass in allen Ländern die Menschen in der höchsten Einkommensgruppe durchschnittlich glücklicher waren als jene in der niedrigsten Einkommensgruppe (vgl. Easterlin 1974: 99f). Easterlin bestätigte diese Beobachtung später auf Basis des General Social Surveys von 1994: 44 Prozent der Höchstverdiener gaben an, sehr glücklich zu sein, dagegen nur 16 Prozent der Geringverdiener (vgl. Easterlin 2001: 467f). Andere Ökonomen oder Sozialforscher kamen zu ähnlichen Ergebnissen: Argyle entnahm den Daten der Eurobarometer Surveys, dass 86 Prozent der Menschen im oberen Einkommensquartil angaben, glücklich oder sehr glücklich zu sein, dagegen nur 72 Prozent der Menschen im unteren Einkommensquartil. Die Verhältnisse sind deutlich anders als bei Easterlin, dennoch lässt sich die Wirkung des Einkommens auf die Zufriedenheit ablesen (vgl. Argyle 1999: 356). Diener und Oishi untersuchten den Zusammenhang zwischen Einkommen und Glück in 22 Nationen auf Basis der Daten des World Values Surveys von 1990 bis 1991. Über alle Länder hinweg unterschieden sich die höchste und niedrigste Einkommensgruppe in einem Land in ihrer Zufriedenheit durchschnittlich um einen Indexpunkt auf einer Skala von 1 bis 10 (vgl. Diener/ Oishi 2000: 194).

Wie ersichtlich, ist der Einfluss des Einkommens auf die Zufriedenheit zwar signifikant, darf jedoch auch nicht überbewertet werden. Im Vergleich zu der Bedeutung nichtökonomischer Faktoren für das Glück wirkt sich das Einkommen relativ gering aus: In Blanchflowers und Oswalds Studie hat das Haushaltseinkommen einen Koeffizienten von 0,014. Im Vergleich hierzu ist der Koeffizient einer Scheidung mit -1,01 wesentlich gewichtiger (vgl. Blanchflower/ Oswald 2004: 1372). Die wichtigsten glücksstiftenden Bereiche sind neben dem materiellen Lebensstandard die Gesundheit, die Beschäftigungssituation, Familie und Freunde und die Freizeit (vgl. Frey/ Frey Marti 2010: 17). Insgesamt erklären demografische und sozioökonomische Faktoren nur 15 bis 25 Prozent der Variation in der Lebenszufriedenheit (vgl. vgl. Ferrer-i-Carbonell/ Frijters 2004: 645; Welsch/ Kühling 2009: 389). Die Gene und persönlichen Charaktereigenschaften korrelieren hingegen zu 80 Prozent mit der Lebenszufriedenheit (vgl. Lykken/ Tellegen 1996: 188). Dies heißt aber nicht, dass das Einkommen keine Rolle für das Glück spielt. Vielmehr lassen sich die Aussagen in der Hinsicht interpretieren, dass der Einfluss des Einkommens von stärkeren Faktoren wie Charaktereigenschaften abgeschwächt wird (vgl. Frey/ Stutzer 2002: 410).

4.1.1 Einkommen und Grundbedürfnisse

Einkommen ist in der Regel die Grundvoraussetzung dafür, dass ein Mensch seine Grundbedürfnisse nach Trinkwasser, Essen, Unterkunft und Gesundheitsversorgung befriedigen kann. Die Befriedigung der Grundbedürfnisse ist wiederum eine Grundvoraussetzung für das Wohlbefinden. Es stellt sich daher die Frage, ob die positive Beziehung zwischen Einkommen und Glück noch besteht, wenn die Grundbedürfnisse des Menschen befriedigt sind. Dieser Frage nahmen sich Diener, Diener und Diener (1995) an und untersuchten die Einflussfaktoren auf die Lebenszufriedenheit von 55 Nationen. Ein Ergebnis der Studie war, dass das Einkommen signifikant mit der Lebenszufriedenheit korrelierte. Die Autoren kontrollierten in einem Test den Einfluss der Befriedigung Grundbedürfnisse. Die Korrelationskoeffizienten des Einkommens reduzierten sich in der Folge, blieben aber weiterhin signifikant. Dies zeigt, dass der Zusammenhang zwischen Einkommen und Glück weiter fortbesteht – wenn auch leicht abgeschwächt –, wenn für die Befriedigung der Grundbedürfnisse des Menschen gesorgt ist und das Einkommen zusätzlich zur Verfügung steht (vgl. Diener et al. 1995: 858/ 860). Dieses Ergebnis zeigt sich auch in den Beobachtungen, die ausschließlich in Industrieländern gemacht wurden, in denen die Mehrheit der Bevölkerung jenseits eines bloßen Existenzminimums lebt: Blanchflower und Oswald bestätigten, dass bei Menschen in den USA und in Großbritannien das Einkommen einen positiven Effekt auf die Lebenszufriedenheit hat (vgl. Blanchflower/ Oswald 2004: 1371f).

4.1.2 Abnehmender Grenznutzen

Die Steigung der Einkommens-Glücks-Kurve ist in Entwicklungs- und Transitionsländern größer als in Industrieländern, was bedeutet, dass Einkommensänderungen sich in Entwicklungsländern stärker aufs Glück auswirken als in Industrieländern (vgl. Clark et al. 2008: 97). Ferrer-i-Carbonell bestätigte diese Beobachtung in einem kleineren Untersuchungsrahmen: Er untersuchte die Zufriedenheitslevel und Einkommen von Westdeutschen und Ostdeutschen mit den Daten des Soziökonomischen Panels von 1992 bis 1997. Sowohl bei West- wie auch bei Ostdeutschen war der Einkommenskoeffizient positiv und signifikant, was eine weitere Evidenz dafür ist, dass sich ein hohes Einkommen positiv auf die Zufriedenheit auswirkt. Erwartungsgemäß lag der Koeffizient bei Ostdeutschen, die ein niedrigeres Durchschnittseinkommen hatten, signifikant höher. Diese Erkenntnis untermauert die oben gemachte Feststellung, dass das absolute Einkommen für ärmere Menschen von höherer Bedeutung für das Wohlbefinden ist als für reichere Menschen (vgl. Ferrer-i-Carbonell 2005: 1008). Dies beschreibt ein weiteres Charakteristikum der Einkommens-Glücks-Beziehung: Die Beziehung zwischen Einkommen und Zufriedenheit ist nicht linear, vielmehr weist das absolute Einkommen einen abnehmenden Grenznutzen auf. Bei Personen mit hohem Einkommen führt dieselbe proportionale Einkommenszunahme zu einem geringeren Zuwachs an Zufriedenheit als bei Personen mit niedrigem Einkommen (vgl. Argyle 1999: 356; Frey/ Frey Marti 2010: 49f). Auswertungen der Daten des World Values Survey aus drei Erhebungszyklen zeigten, dass ein Wachstum des Familieneinkommens vom vierten ins fünfte Dezil das Wohlbefinden um 0,1 Indexpunkte steigert, während eine Einkommenszunahme vom neunten ins zehnte Dezil das Glück nur um 0,01 Indexpunkte erhöht (vgl. Helliwell 2003: 344).

Bei Ländervergleichen kann man ebenfalls eine konkave Beziehung zwischen dem Glück und dem Bruttoinlandsprodukt ausmachen: Das Glück einer Bevölkerung steigt mit dem Pro-Kopf-Einkommen bis zu einer Grenze von circa 10.000 US-Dollar (in Kaufkraftparitäten von 1995) pro Jahr an. Ab dieser Schwelle hat ein weiteres Wachstum des Bruttoinlandsproduktes nur noch einen geringen Effekt auf das Glück (vgl. Frey/ Stutzer 2002: 416). An dieser Stelle ist einzuschränken, dass höhere Zufriedenheitslevel in reichen Ländern statt durch das Einkommen ebenso durch andere Faktoren entstanden sein können. Länder mit hohem Pro-Kopf-Einkommen haben in der Regel stabilere Demokratien. Diener et al. erklären sich die durchschnittlich höheren Zufriedenheitslevel von Menschen in Industrieländern mit dem höheren Pro-Kopf-Einkommen sowie der besseren Gewährleistung von Individualismus, Gleichheit und

Menschenrechten im Vergleich zu Entwicklungsländern (vgl. Diener et al. 1995: 862). Dem Pro-Kopf-Einkommen ist also mindestens ein indirekter Einfluss auf die Zufriedenheit zuzuschreiben, da das verfügbare Geld eines Landes dazu verhilft, eine effektive Gesundheitsversorgung und den Schutz der Menschenrechte zu gewährleisten; Bereiche, die mit der Zufriedenheit assoziiert sind (vgl. Frey/ Stutzer 2002: 417).

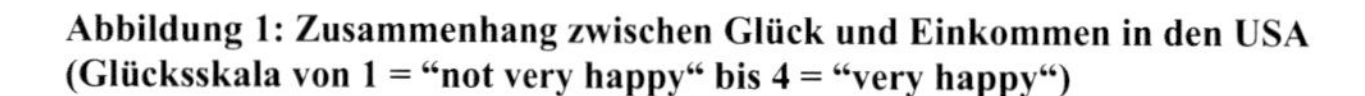

Abbildung 1: Zusammenhang zwischen Glück und Einkommen in den USA (Glücksskala von 1 = "not very happy" bis 4 = "very happy")

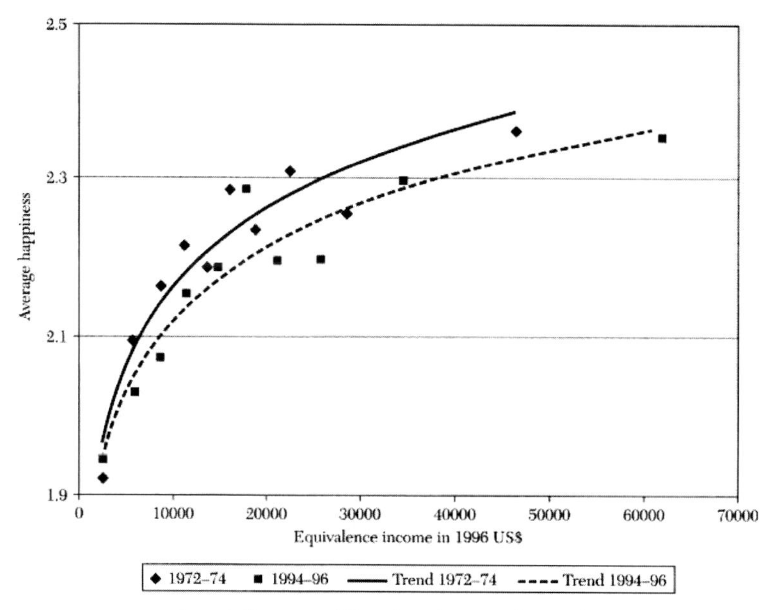

Figure 1. Happiness and Equivalence Income in the United States

Source: General Social Survey, National Opinion Research Center.

Quelle: Frey/ Stutzer 2002: 408

Für Umweltbewertungen nach dem Lebenszufriedenheitsansatz interessiert in erster Linie der Zusammenhang zwischen Glück und Einkommen auf der individuellen Ebene. Wie oben beschrieben und in Abbildung 1 zu sehen, zeigt sich hier deutlich eine konkave Beziehung. Im Lebenszufriedenheitsansatz wird daher das Einkommen oft in logarithmierter Form in die Glücksfunktion aufgenommen, um dem abnehmenden Grenznutzen des Einkommens Rechnung zu tragen (vgl. Fujiwara/ Campbell 2011: 29).

4.1.3 Reversible Kausalität

Eine weitere Frage, die bezüglich der Einkommens-Glücks-Beziehung geklärt werden muss, ist die Richtung der Kausalität. In der bisherigen Argumentation wurde angenommen, dass ein hohes Einkommen eine erhöhte Zufriedenheit bei einem Individuum verursacht. Die umgekehrte Wirkungsrichtung ist aber ebenso vorstellbar: Ein zufriedener Mensch könnte besonders leistungswillig, kreativ und belastbar sein, besser bezahlte Arbeitsstellen bekommen und in der Folge mehr Geld verdienen. In Kapitel 3.5.1 wurde bereits bemerkt, dass ein Zusammenhang zwischen emotionaler Stabilität und Produktivität im Arbeitsleben festgestellt werden kann. Andererseits gibt es Untersuchungen, die eine Wirkrichtung vom Einkommen hin zur Zufriedenheit ebenso wahrscheinlich erscheinen lassen. Easterlin geht in seiner Studie von 1974 davon aus, dass es das Einkommen ist, welches mehr Zufriedenheit verursacht. Er erklärt dies damit, dass die Sorgen der weniger Glücklichen sich von denen der Glücklicheren vor allem in Fragen der finanziellen Sicherheit unterscheiden (vgl. Easterlin 1974: 104/ 114). Solider lässt sich diese Annahme fundieren, wenn die Zufriedenheit von Menschen untersucht wird, die eine exogene Einkommenserhöhung erfahren haben, wie zum Beispiel Lotteriegewinner oder Erben: Gardner und Oswald verglichen das mentale Wohlbefinden von Lotteriegewinnern zwei Jahre vor und zwei Jahre nach ihrem Lotteriegewinn. Bei jenen, die einen Gewinn von über 1.000 Pounds erhielten, ließ sich eine deutliche Reduktion des mentalen Stressniveaus ausmachen (vgl. Gardner/ Oswald 2007: 56f). Die Wirkung einer Einkommenserhöhung auf die Zufriedenheit lässt sich ebenfalls in den Jahren nach der deutschen Wiedervereinigung beobachten. Das reale Haushaltseinkommen in Ostdeutschland stieg nach der Wiedervereinigung in den Jahren 1991 bis 2001 um 40 Prozent an. Diese allgemeine Einkommenserhöhung kann als exogener Einkommensschock gesehen werden, da die Wiedervereinigung für den Großteil der Deutschen unerwartet kam. In derselben Zeit stieg auch die durchschnittliche Lebenszufriedenheit der Ostdeutschen an (vgl. Frijters et al. 2004: 730f). Während ein Teil dieses Effektes der größeren persönlichen Freiheit und der Verbesserung der politischen Rechte zuzuschreiben ist, sind tatsächlich 35 bis 40 Prozent dieses Anstiegs in der Lebenszufriedenheit auf das gestiegene Einkommen zurückzuführen (vgl. Frijters et al. 2004: 738). Die genannten Studien lassen darauf schließen, dass das Einkommen eine Ursache für die Zufriedenheit ist. Die umgekehrte Wirkungsrichtung – dass zufriedene Menschen mehr Geld verdienen – lässt sich jedoch ebenfalls begründen. Wird das Problem der reversiblen Kausalität nicht berücksichtigt, manifestiert es sich formal in einer Korrelation zwischen dem Fehlerterm und den erklärenden Variablen (vgl. Fujiwara/ Campbell 2011: 29).

Es lässt sich zusammenfassen, dass auf der individuellen Ebene Einkommen und Glück zu einem bestimmten Zeitpunkt positiv korrelieren. Reiche Menschen sind demnach glücklicher als arme Menschen. Über einen Zeitverlauf betrachtet, gestaltet sich die Beziehung allerdings komplexer. Easterlin beobachtete das Phänomen, dass Menschen in Industrieländern in den letzten 20 Jahren nicht glücklicher geworden sind, obwohl ihr Einkommen stark angestiegen ist. Dies widerspricht auf den ersten Blick der Feststellung, dass Einkommen positiv auf das Glück wirkt. Dieses Phänomen, welches das Easterlin-Paradox genannt wird, soll zunächst beschrieben werden, bevor auf die Erklärungsansätze für das Phänomen eingegangen wird.

4.2 Das Easterlin-Paradox

Das Easterlin-Paradox beschreibt das Phänomen, dass die Lebenszufriedenheit in Industrieländern trotz deutlicher Einkommenserhöhungen konstant geblieben ist. Seit dem Zweiten Weltkrieg stieg das Pro-Kopf-Einkommen in vielen Ländern drastisch an: In den USA erhöhte es sich zwischen 1946 und 1991 um den Faktor 2,5. Das durchschnittliche Zufriedenheitsniveau der Bevölkerung stieg aber nicht, wie man es entsprechend der Beziehung zwischen Einkommen und Glück auf dem Mikrolevel erwarten sollte, sondern blieb gleich (vgl. Frey/ Stutzer 2002: 403).

4.2.1 Auf makroökonomischer Ebene

Der Ökonom Easterlin wollte in seiner Studie von 1974 untersuchen, ob es Evidenzen dafür gibt, dass das Wirtschaftswachstum die soziale Wohlfahrt verbessert. Seit Pigou galt das Bruttoinlandsprodukt als Indikator für die ökonomische Wohlfahrt. Viele Ökonomen setzten voraus, dass Änderungen der ökonomischen Wohlfahrt immer auch mit Änderungen der sozialen Wohlfahrt einhergehen (vgl. Easterlin 1974: 90). Easterlin prüfte diese Annahme und nahm dabei das subjektiv geäußerte Glück als Indikator für die soziale Wohlfahrt. Auf Basis der Daten von Cantril von 1965 fand Easterlin keinen eindeutigen Zusammenhang zwischen dem Glück und dem Einkommen, wenn ein Land im Zeitverlauf betrachtet wurde. In den Jahren 1946 bis 1970 änderte sich das durchschnittliche Zufriedenheitsniveau der USA kaum, obwohl das Pro-Kopf-Einkommen deutlich anstieg (vgl. Easterlin 1974: 109f).

Andere Wissenschaftler bestätigten das Easterlin-Phänomen: Das Pro-Kopf-Einkommen verdoppelte sich in den USA zwischen 1973 und 2003, während die Zufriedenheit stagnierte (vgl. Clark 2008: 96). Blanchflower und Oswald fanden für die USA sogar eine leichte Abnahme der Zufriedenheit: Während Anfang der 1970er sich 34 Prozent der Amerikaner im General Social Survey als „sehr glücklich" bezeichneten, waren es Ende der 1990er nur 30 Prozent (vgl. Blachflower/ Oswald 2004: 1366). Ein besonders eindrucksvolles Beispiel für das Easterlin-Paradox bietet Japan: Zwischen 1958 und 1991 versechsfachte sich das Pro-Kopf-Einkommen in Japan. Fast alle Haushalte waren nun mit einer Toilette, einem Telefon, einer Waschmaschine, einem Farbfernseher und einem Auto ausgestattet. Die durchschnittliche Zufriedenheit der Bevölkerung blieb aber in dieser Zeit bei 2,7 Indexpunkten auf einer 4-Punkte-Skala (vgl. Frey/ Stutzer 2002: 413). Gemäß Kennys Untersuchungen stieg das Pro-Kopf-Einkommen in einigen europäischen Ländern wie Großbritannien, Dänemark und Belgien in den 1970ern und 1980ern an, während die Zufriedenheit leicht abfiel. In Frankreich, Irland, Italien und den Niederlanden erhöhte sich ebenfalls das Pro-Kopf-Einkommen, die Zufriedenheit stieg hier aber leicht an. Insgesamt fand Kenny sowohl positive als auch negative Korrelationen zwischen dem Glück und dem Einkommen in unterschiedlichen Ländern (vgl. Kenny 1999: 14f). Er schlussfolgerte in seiner Studie, dass über den betrachteten Zeitverlauf keine eindeutige Beziehung zwischen dem Einkommen und der Lebenszufriedenheit auszumachen ist (vgl. Kenny 1999: 21). McBride bestätigte 2001 Easterlins Beobachtung, dass zu einem bestimmten Zeitpunkt das Einkommen das Glück beeinflusst, über einen Zeitverlauf aber nicht (vgl. McBride 2001: 272ff). Natürlich stellt sich die Frage, wie dieser paradoxe Zusammenhang zwischen Einkommen und Glück zu erklären ist. Frank (2005) meint, dass die Zufriedenheit in Industrieländern trotz starker Pro-Kopf-Einkommenserhöhung nicht gestiegen ist, weil sich einige Lebensbereiche verschlechtert haben: In den USA haben sich die wöchentlichen Arbeitsstunden erhöht, die Verkehrsdichte hat zugenommen und die Arbeitsplatzsicherheit ließ nach. Der positive Effekt der Einkommenserhöhung wurde somit durch die negativen Entwicklungen in anderen Bereichen aufgehoben (vgl. Frank 2005: 83). Dies ist eine mögliche Erklärung. Allerdings erklärt sie nicht, warum auf der individuellen Ebene das Einkommen langfristig nicht zu mehr Zufriedenheit bei einem Menschen führt.

4.2.2 Auf individueller Ebene

Eine paradoxe Beziehung zwischen dem Einkommen und dem Glück lässt sich gleichfalls auf der persönlichen Ebene ausmachen: Im Laufe eines Menschenlebens erhöht sich in der Regel das Einkommen eines Individuums und sinkt nach der Pensionierung wieder leicht ab. Die Zufriedenheit bleibt aber über denselben Zeitraum relativ konstant. Zu einem bestimmten Zeitpunkt im Leben eines Menschen korrelieren Einkommen und Glück. Über die Lebensspanne betrachtet scheint das Einkommen aber keinen Einfluss auf das Glück auszuüben (vgl. Easterlin 2001: 469). Dieses Phänomen wird zum Einen mit der Auswirkung von sozialen Vergleichen aufgelöst, das heißt, Individuen ziehen weniger Nutzen aus ihrem absoluten Einkommen, sondern mehr aus ihrer relativen finanziellen Stellung im Vergleich zu anderen. Zum anderen kann das Phänomen mit Gewöhnungseffekten erklärt werden, das heißt, ein Individuum profitiert kurzfristig von einer Einkommenserhöhung, gewöhnt sich dann an seinen neuen Lebensstandard und kehrt langfristig zu seinem ursprünglichen Glücksniveau zurück. Diese beiden Erklärungsansätze werden im Folgenden erläutert.

4.3 Soziale Vergleiche

4.3.1 Theorie

Die relative Einkommenshypothese besagt: Je höher das Einkommen einer Person relativ zu seinem Referenzeinkommen ist, desto glücklicher ist sie (vgl. McBride 2001: 254). Die Hypothese des relativen Einkommens wurde erstmals aufgestellt und empirisch getestet von James Duesenberry. Duesenberry postulierte, dass der Nutzen, den ein Individuum aus seinen Konsumausgaben zieht, von dem Verhältnis seiner absoluten Konsumausgaben zu den Konsumausgaben anderer Leute abhängt. Formal lässt sich diese Aussage so darstellen (vgl. Duesenberry 1952: 32):

$$U_i = U(\frac{C_i}{\sum a_{ij} C_j}) \qquad (6)$$

U_i ist der Nutzen (Glück/ Zufriedenheit), den das Individuum i aus seinem Einkommen zieht. Hierbei wird angenommen, dass das gesamte Einkommen von i für den Konsum ausgegeben wird. Der Nutzen des Einkommens ist folglich gleich dem Nutzen des Konsums. C_i steht für die Konsumausgaben von i. Im Nenner der Differenz steht die Summe der Konsumausgaben aller anderen Individuen, mit denen sich i vergleicht. In diesem Beispiel sollen dies die Einwohner des Landes sein, in dem *i* wohnt. a_{ij} ist das Gewicht, das Individuum *i* dem Konsum des *j*-ten Individuums zuschreibt.

Wenn *i* allen Individuen das gleiche Gewicht zuschreiben würde, würde *i* seinen Konsum mit dem durchschnittlichen nationalen Konsumniveau vergleichen. Das durchschnittliche nationale Konsumniveau wäre also sein Referenzkonsum beziehungsweise sein Referenzeinkommen. Individuum *i* ist gemäß dieser Darstellung umso glücklicher, je weiter es mit seinen Konsumausgaben über dem Durchschnitt liegt. Andersherum ist *i* umso unglücklicher, je weiter seine Konsumausgaben unter dem Durchschnitt liegen. Wenn Individuum *i* mehr Einkommen erhält und so die Differenz zum Referenzeinkommen größer wird, erfährt *i* eine Glückszunahme. Diese Glückszunahme kann auch als Statusnutzen interpretiert werden, das heißt, die Stellung eines Einzelnen gegenüber Dritten wird verbessert. Status wäre somit die Differenz zwischen dem eigenen Einkommen und dem Referenzeinkommen. Eine gleichmäßige Einkommenserhöhung für alle würde nach diesem Modell hingegen keinen glücklicher machen, da die Differenz zwischen Einkommen und Referenzeinkommen gleich bleibt und keiner relativ besser gestellt ist als vorher (vgl. Easterlin 1974: 112).

In diesem Modell erscheint das Streben nach immer mehr Einkommen nachvollziehbar, da es für ein Individuum von Vorteil ist, relativ mehr als seine Referenzgruppe zu verdienen. Langfristig gesehen egalisiert sich dieser Statusvorteil allerdings wieder: Wenn alle Individuen sich entsprechend verhalten, steigt über die Zeit das allgemeine Einkommensniveau und damit auch das Referenzeinkommen oder in diesem Beispiel die gesellschaftliche Konsumnorm. Wiederum versuchen die Individuen sich über das Einkommen von dieser sozialen Messlatte zu entfernen und das Statusrennen beginnt von neuem. Status kann somit als ein Nullsummenspiel betrachtet werden: Wenn jemand an Status gewinnt, verliert ein anderer an Status. Einzelne können demnach kurzfristig Vorteile erlangen, über die gesamte soziale Gruppe betrachtet (zum Beispiel über alle Bürger eines Landes) bleibt das Nutzenniveau jedoch gleich. Dies führt dazu, dass der in Kapitel 4.1 beschriebene positive Effekt der Einkommenserhöhung abgedämpft oder sogar aufgehoben wird und liefert damit eine erste Erklärung für das Easterlin-Paradox (vgl. McBride 2001: 254/ Clark et al. 2008: 99f).

Bisher wurde die Hypothese des relativen Einkommens nur theoretisch erläutert, daher sollen im Anschluss die empirischen Beweise für den Einfluss sozialer Vergleiche angeführt werden.

4.3.2 Empirische Beweise – „Keeping up with the Joneses"

„Keeping up with the Joneses" ist eine englischsprachige Redensart, die sich darauf bezieht, hinsichtlich der Ansammlung und Zurschaustellung materieller Güter mit den Nachbarn mitzuhalten. Die Nachbarn fungieren sozusagen als Bezugspunkt für demonstrativen Konsum und sozialen Status. Dass diese Redensart viel Wahrheit enthält, wird durch empirische Studien bewiesen, welche den Einfluss sozialer Einkommensvergleiche auf die Zufriedenheit erforschten. Diese zeigen, dass die Referenzgruppe eines Individuums die Basis für seine Einkommenserwartungen bildet. Ob diese Referenzgruppe immer die „Joneses" sind, ist allerdings fraglich. Vergleicht sich ein Mensch bezüglich seines Einkommens mit Personen mit gleichem Bildungsstand, mit Personen im gleichen Alter, mit den Nachbarn, mit Kollegen oder eher mit Freunden oder Familienmitgliedern? In der Forschung gibt es keinen Konsens über die Identifikation der korrekten Referenzgruppe (vgl. Ferrer-i-Carbonell 2005: 1005). Die Studien, die im Folgenden angeführt werden, untersuchen den Vergleich mit unterschiedlichen Referenzgruppen, doch alle kommen zum gleichen Ergebnis: Je höher das Einkommen der Referenzgruppe ist, desto unzufriedener ist ein Individuum.

Clark und Oswald (1996) untersuchten den Zusammenhang zwischen dem relativen Einkommen und der Jobzufriedenheit. Die Daten stammen vom British Household Panel von 1991. Das jeweilige Referenzeinkommen der Arbeiter wurde mit dem Einkommen von Individuen mit ähnlichen Arbeitsmarktcharakteristiken gebildet (Ausbildung, Branche, Wohnort, Alter). Die Studie stellte heraus, dass die Jobzufriedenheit von Arbeitern negativ mit dem Referenzeinkommen korreliert: Die Probanden sind umso unzufriedener mit ihrer Arbeit, je höher das Einkommen ihrer Referenzgruppe ist. Andersherum sind Arbeiter, die mehr als ihre Kollegen verdienen, zufriedener mit ihrer Arbeit (vgl. Clark/ Oswald 1996: 368ff).

Luttmer (2005) wollte herausfinden, ob die Zufriedenheit von Individuen negativ beeinflusst wird, wenn ihre Nachbarn beziehungsweise Menschen in ihrer Umgebung mehr verdienen als sie selbst. Die Angaben zum Einkommen und der Lebenszufriedenheit der untersuchten Personen, entstammen den Paneldaten des U.S. National Surveys of Families and Households aus den Jahren 1987 bis 1988 und 1992 bis 1994. Als Referenzeinkommen eines Individuums nahm er das Durchschnittseinkommen einer statistischen, geografischen Einheit. Solch eine lokale Einheit besteht aus Landkreisen, Städten und Nachbarschaften, die zusammengefasst oder geteilt wurden, bis sie mindestens 100.000 Einwohner umfassten. Die jeweilige Branchen- und Beschäftigungsstruktur einer lokalen Einheit wurde bei der Berechnung des Referenzeinkommens berücksichtigt. Das Referenzeinkommen einer Person ist in dieser Studie also das durchschnittliche Einkommen der Bewohner der lokalen Einheit, in welcher die Person sesshaft ist (vgl. Luttmer 2005: 973f). Luttmer kam zu dem Ergebnis, dass ein höheres Durchschnittseinkommen in einer lokalen Einheit mit niedrigeren Zufriedenheitsleveln seiner Bewohner assoziiert ist. Dieses Ergebnis war statistisch signifikant und blieb auch dann robust, als der Einfluss von Fixed Effects auf die Ergebnisse überprüft wurde. Unter anderem wurden die Auswirkungen der individuellen Charakterzüge der Befragten und der unterschiedlichen Lebenshaltungskosten in den Regionen kontrolliert. So zeigte sich, dass es tatsächlich das höhere Einkommen von Referenzpersonen war, welches Glückseinbußen bei Personen verursachte und nicht andere unbeobachtete Faktoren (vgl. Luttmer 2005: 977ff).

McBride untersuchte ebenfalls die Auswirkungen sozialer Einkommensvergleiche auf die Zufriedenheit. Seine Daten entnahm er dem General Social Survey von 1994. In dieser Studie ist das Referenzeinkommen eines Individuums das Durchschnittseinkommen von Personen, die bis zu fünf Jahre älter oder jünger als das Individuum sind (vgl. McBride 2001: 264). McBride fand einen Zusammenhang zwischen dem Referenzeinkommen eines Individuums und seiner Zufriedenheit. Demnach sind Personen umso glücklicher, je mehr sie im Vergleich zu gleichaltrigen Menschen verdienen (vgl. McBride 2001: 269). Ferrer-i-Carbonell nahm die Daten des Soziökonomischen Panels von 1992 bis 1997 zur Grundlage und bildete Referenzgruppen mit Personen, die ungefähr gleich alt waren (im Bereich von zehn Jahren), einen ähnlichen Bildungsstand hatten und in der gleichen Region, das heißt entweder in West- oder in Ostdeutschland, lebten (vgl. Ferrer-i-Carbonell 2005: 1005). Auch Ferrer-i-Carbonell entdeckte den negativen Einfluss des Durchschnittseinkommens der Referenzgruppe auf das Wohlbefinden. Des Weiteren überprüfte er, wie sich die Differenz zwischen dem Referenzeinkommen und dem Haushaltseinkommen eines Individuums auswirkt. Hier wurde ersichtlich, dass ein Individuum umso glücklicher war, je höher sein Einkommen über dem Durchschnittseinkommen seiner Referenzgruppe lag (vgl. Ferrer-i-Carbonell 2005: 1010). Selbst in Ökonomien, die von den westeuropäischen und nordamerikanischen verschieden sind, kann man soziale Einkommensvergleiche beobachten: Knight et al. werteten Querschnittsdaten von 9.200 chinesischen Haushalten aus. 70 Prozent der Befragten gaben an, dass sie sich mit den Menschen in ihrem eigenen Dorf vergleichen (vgl. Knight et al. 2007: 4). Jene, die angaben, dass ihr Einkommen unter dem Durchschnittseinkommen des Dorfes liegt, fühlten sich wesentlich weniger zufrieden als jene, denen bewusst war, dass ihr Einkommen über dem Dorfdurchschnitt liegt (vgl. Knight et al. 2007: 9).

Zusammenfassend lässt sich feststellen, dass die empirischen Erkenntnisse die Hypothese unterstützen, dass die Zufriedenheit einer Person von der Lücke zwischen ihrem eigenen Einkommen und ihrem Referenzeinkommen maßgeblich beeinflusst wird (vgl. Clark/ Oswald 1996: 373). Auch wenn keine eindeutige Referenzgruppe festgelegt werden kann, ist es wahrscheinlich, dass sich Menschen in erster Linie mit Menschen mit ähnlichen demografischen Charakteristiken vergleichen. Luttmer ermittelte in seiner Studie von 2005, dass die Zufriedenheit von Personen mit einem College-Abschluss sich mit dem Einkommen von anderen College-Absolventen reduziert; hingegen wird sie nicht vom Einkommen von Personen ohne College-Abschluss beeinflusst. Zudem vergleichen Menschen ihr Einkommen vor allem mit den Personen, mit denen sie regelmäßige Kontakte pflegen. Menschen, die in sozialem Kontakt mit ihren Nachbarn stehen, werden stärker von den Einkommensunterschieden zwischen ihnen und den Nachbarn beeinflusst als Menschen, die mehr soziale Kontakte außerhalb der Nachbarschaft pflegen (zum Beispiel mit Familienmitgliedern und Freunden) (vgl. Luttmer 2005: 988f). Stutzer machte dieselbe Beobachtung in einer Studie, in der er untersuchte, ob das Durchschnittseinkommen der Gemeinde, in der ein Individuum wohnt, Einfluss auf seine Einkommenserwartungen hat. Demnach steigen die Einkommenserwartungen – das, was ein Individuum als „ausreichend“ bezeichnen würde – um 1,2 Prozent, wenn das Durchschnittseinkommen in der Gemeinde um 10 Prozent ansteigt. Bei Menschen, die mit ihren Nachbarn kommunizieren, ist der Effekt der erhöhten Einkommenserwartungen doppelt so stark (vgl. Stutzer 2004: 103).

4.3.3 Ausmaß des Einflusses sozialer Vergleiche

Letztlich muss noch geklärt werden, wie groß der Effekt sozialer Vergleiche auf die Zufriedenheit ist. Einige Wissenschaftler erkannten eine Asymmetrie zwischen Abwärts- und Aufwärtsvergleichen: Bereits Duesenberry stellte die Hypothese auf, dass der Effekt des Vergleichseinkommens asymmetrisch ist. Das heißt, dass Individuen, die mit ihrem Einkommen unter dem Referenzeinkommen liegen, von dieser Tatsache negativ beeinflusst werden. Jene, die mehr Einkommen als die Referenzgruppe haben, werden aber nicht positiv beeinflusst (vgl. Duesenberry 1949, Kapitel 2). In der Studie von Knight et al. zeigte sich diese Asymmetrie, da vor allem die Armen unter Einkommensvergleichen mit dem Dorfdurchschnitt litten (vgl. Knight et al. 2007: 9). Ferrer-i-Carbonell konnte für Westdeutsche den asymmetrischen Vergleichseffekt aufspüren:

Reiche Westdeutsche übten einen negativen externen Effekt auf arme Westdeutsche aus, andersherum aber nicht. Bei Ostdeutschen waren die Abwärts- und Aufwärtsvergleiche allerdings symmetrisch. Ferrer-i-Carbonell erklärt dies damit, dass Ostdeutsche möglicherweise das Einkommen reicherer Mitbürger als Indiz einer positiven wirtschaftlichen Entwicklung deuteten und daher das Referenzeinkommen statt als Neidfaktor eher als Anhaltspunkt für die eigenen zukünftigen Einkommenserwartungen sehen könnten (vgl. Ferrer-i-Carbonell 2005: 1014). Luttmer hingegen fand keinen Unterschied zwischen Abwärts- und Aufwärtsvergleichen. In seiner Untersuchung wurden jene, deren Einkommen unter dem Median-Einkommen lag, von einer Einkommenserhöhung bei den Nachbarn genauso stark negativ beeinflusst wie jene, die über dem Median-Einkommen lagen (vgl. Luttmer 2005: 988). Die Evidenzen dafür, dass eine Asymmetrie beim Vergleichen vorliegt, überwiegen jedoch und sie passen zu der Beobachtung, dass Menschen in der Regel eine Referenzgruppe wählen, die besser gestellt ist als sie selber (vgl. Frey/ Stutzer 2002: 411; Frey/ Frey Marti 2010: 57; Blanchflower/ Oswald 2004: 1378).

Des Weiteren ist es interessant zu erfahren, wie viel Einfluss das soziale Relativeinkommen im Vergleich zum absoluten Einkommen auf die Zufriedenheit hat. Die Autoren kommen hier zu unterschiedlichen Ergebnissen: Manche behaupten, dass ausschließlich die Differenz zwischen dem eigenen Einkommen und dem Einkommen der Referenzgruppe für das Wohlbefinden von Bedeutung ist (vgl. Clark et al. 2008: 99ff/ 111; Knight et al. 2007: 14). In Luttmers Studie war der Koeffizient des Haushaltseinkommens größer als jener des Referenzeinkommens, nachdem das Haushaltseinkommen instrumentiert wurde. Dieser Unterschied erwies sich allerdings nicht als statistisch signifikant. Luttmer schloss daraus, dass sowohl das absolute Einkommen als auch das relative Einkommen einen Effekt auf die Zufriedenheit haben. Er kann die Hypothese, dass ausschließlich das soziale Relativeinkommen wichtig ist, jedoch nicht ausschließen (vgl. Luttmer 2005: 976f). Bei Ferrer-i-Carbonell war der Einfluss des absoluten Einkommens ungefähr genauso stark wie der des Referenzeinkommens, wenn mit der gesamten Stichprobe (alle Deutschen) gerechnet wurde. Bei den reicheren Westdeutschen war der Koeffizient des Referenzeinkommens größer als der des absoluten Einkommens. Bei den ärmeren Ostdeutschen verhielt es sich andersherum (vgl. Ferrer-i-Carbonell 2005: 1010f). McBride machte eine ähnliche Feststellung: Der Einfluss des Referenzeinkommens war bei Gruppen mit hohem Einkommen wesentlich stärker, während bei Gruppen mit niedrigem Einkommen das Absoluteinkommen höher gewichtet wurde (vgl. McBride 2001: 271).

Aus diesen Ergebnissen lässt sich schließen, dass das relative Einkommen die Lebenszufriedenheit mindestens ebenso stark in vielen Fällen sogar noch stärker beeinflusst als das absolute Einkommen. Die Stärke dieses Einflusses scheint insbesondere von der finanziellen Ausgangslage einer Person abzuhängen: Soziale Einkommensvergleiche sind für Personen in hohen Einkommensklassen offenbar bedeutender für das Glück als für Personen in niedrigen Einkommensklassen. Neben dem Erklärungsansatz der sozialen Vergleiche, gibt es eine weitere Begründung dafür, warum ein erhöhtes Einkommen Menschen langfristig nicht glücklicher macht. Wie sich die Gewöhnung an ein erhöhtes Einkommen auf die Zufriedenheit auswirkt, wird im nächsten Kapitel beleuchtet.

4.4 Gewöhnungseffekte

4.4.1 Theorie

Gewöhnung bezeichnet die Reduktion eines Gefühls-/ Lusteffektes durch einen konstanten oder wiederholten Reiz (vgl. Stutzer 2004: 91). Menschen unterschätzen in der Regel das Ausmaß und die Geschwindigkeit, mit der sie sich an neue Situationen anpassen: Oft streben Menschen nach mehr Einkommen, um dann zufriedener zu sein. Haben sie dies erlangt, gewöhnen sie sich schnell an den neuen Lebensstandard und das Glück hat sich kaum gesteigert (vgl. Frey/ Frey Marti 2010: 18). Brickman und Campbell nannten diesen Effekt der Adaptation an Lebensumstände die „Hedonische Tretmühle". Demnach kehren Menschen nach positiven sowie negativen Gefühlserlebnissen zu ihrem persönlichen Basisniveau an Zufriedenheit zurück (Brickman/ Campbell 1971). Van Praag nannte den gleichen Effekt „Preference Drift" (Van Praag/ Frijters 1999: 422). Beim Einkommen ist diese Verschiebung der Erwartungen beziehungsweise der Gewöhnungseffekt recht vollständig: Nimmt das persönliche Einkommen zu, werden 60 bis 80 Prozent der erwarteten Zunahme des individuellen Wohlbefindens zerstört, da man sich an das neue Einkommen gewöhnt und die Erwartungen nach oben anpasst (vgl. Frey/ Frey Marti 2010: 59; Frey/ Stutzer 2002: 412). Menschen können und wollen offensichtlich keine absoluten Bewertungen vornehmen, vielmehr vergleichen sie ihre gegenwärtige Situation mit ihren Erfahrungen in der Vergangenheit oder ihren Erwartungen an die Zukunft. Easterlin untersuchte das Phänomen auf Basis der Umfragen von Cantril von 1965 sowie 36 ähnlich gestalteter Umfragen in den USA von 1959 bis 1985. Hierbei machte er für alle untersuchten Länder und Altersgruppen von 18 bis 50 folgende konsistente Beobachtung: Zu jedem beliebigen Zeitpunkt in der Lebensspanne eines Menschen, glaubt ein Individuum, dass es ihm jetzt besser ginge als in der Vergangenheit und dass es in der Zukunft besser gestellt sein würde als jetzt. Diese Wahrnehmung deckt sich aber nicht mit der Tatsache, dass die Zufriedenheit über die Lebenszeit relativ konstant bleibt (vgl. Easterlin 2001: 471f). Diese Asymmetrie zwischen antizipiertem sowie erinnertem Nutzen und tatsächlichem Nutzen entsteht aufgrund sich ändernder Bestrebungen und Erwartungen der Individuen. Bezüglich des Einkommens kann man sich diesen Prozess folgendermaßen verbildlichen (vgl. Easterlin 2001: 472ff).

Abbildung 2: Lebenszufriedenheit (u) als eine Funktion des Einkommens (y) und des Anspruchsniveaus (A)

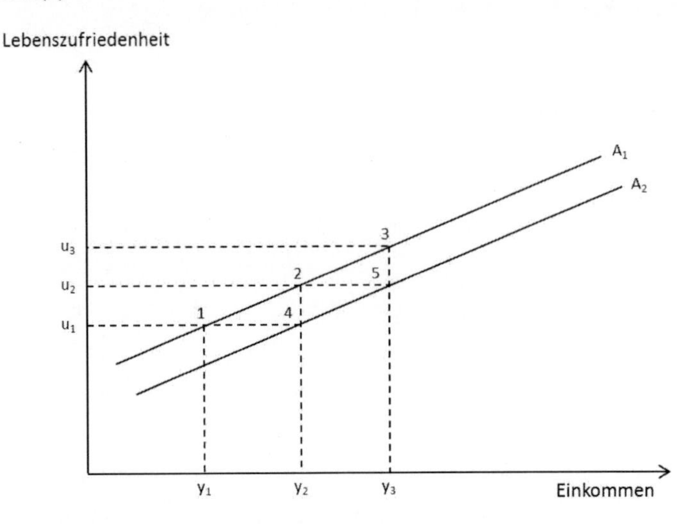

Quelle: Eigene Darstellung; angelehnt an Easterlin 2001: 473

Abbildung 2 zeigt, wie das Einkommen zusammen mit dem materiellen Anspruchsniveau eines Individuums auf seine Lebenszufriedenheit wirken. Die Geraden A_1 und A_2 stehen für unterschiedlich hohe materielle Anspruchsniveaus. Zunächst sollen drei Individuen mit den Einkommen y_1, y_2 und y_3 betrachtet werden. Sie befinden sich alle in der gleichen Lebenslage – zum Beispiel direkt nach dem Schulabschluss – und haben das gleiche Anspruchsniveau A_1. Jene, die zu diesem Zeitpunkt ein höheres Einkommen haben (y_2 und y_3), können ihre materiellen Ansprüche besser befriedigen und sind daher zufriedener als das Individuum mit dem niedrigeren Einkommen y_1. Dies ist an den Punkten *1*, *2* und *3* abzulesen. Dies ist der positive Zusammenhang zwischen Einkommen und Glück, der im Kapitel 4.1 beschrieben wurde.

Nun soll ein Individuum mit dem Einkommen y_2 und dem Anspruchsniveau A_1 betrachtet werden. Es befindet sich in Punkt *2* und hat die Zufriedenheit u_2. Wenn man es zu diesem Zeitpunkt fragt, wie glücklich es sich fühlen würde, wenn sein Einkommen auf y_3 anstiege, würde es vermutlich antworten, dass es dann zufriedener wäre und es sich in Punkt *3* mit der Lebenszufriedenheit u_3 befände. Diese Antwort ist korrekt, wenn man den kurzen Zeitraum direkt nach der Einkommenserhöhung betrachtet. Das Individuum kalkuliert bei seiner Antwort allerdings nicht ein, dass sich mit dem höheren Einkommen langfristig auch sein Anspruchsniveau von A_1 auf A_2 erhöht. Nach einem Zeitraum von circa zwei bis fünf Jahren befindet sich das Individuum folglich in Punkt *5* statt in Punkt *3*. Seine Zufriedenheit liegt dann trotz des höheren Einkommens wieder beim ursprünglichen Niveau u_2.

Nehmen wir nun an, das Individuum befindet sich in Punkt *5*. Es erhält seit einigen Jahren das Einkommen y_3 und hat das Anspruchsniveau A_2. Wenn es jetzt gefragt wird, wie zufrieden es vor einigen Jahren war, als es noch das geringere Einkommen y_2 erhielt, würde es seine damalige Zufriedenheit vermutlich auf u_1 einschätzen. Dies liegt daran, dass das Individuum von seinem aktuellen Anspruchsniveau A_2 ausgeht. Ein niedrigeres Einkommen wäre in dieser Situation nur mit der Zufriedenheit u_1 assoziiert. Bei seiner Antwort vergisst das Individuum jedoch, dass es vor einigen Jahren nicht nur ein niedrigeres Einkommen, sondern auch ein niedrigeres Anspruchsniveau hatte und sich deswegen tatsächlich in Punkt *2* statt in Punkt *4* befand. Seine Zufriedenheit hat sich in den Jahren also faktisch nicht verändert.

Wenn Menschen sich tatsächlich wie in diesem Modell vollständig an ihr Einkommensniveau gewöhnen und ihre Ansprüche entsprechend anpassen, würde dieser Effekt die zweite Erklärung für das Easterlin-Paradox liefern. Nachfolgend wird darum auf die Erkenntnisse der empirischen Forschung zu diesem Thema eingegangen.

4.4.2 Empirische Beweise – „Gewohnheit ist unsere Natur"

Die Gewöhnung an ein höheres Einkommen und die einhergehende Veränderung der materiellen Ansprüche wurde bereits empirisch nachvollzogen. Easterlin wertete die Zufriedenheitsdaten von Menschen aus verschiedenen Geburtsjahrgängen aus. Er teilte sie in zwei Bildungsniveaus ein. Die Zufriedenheit blieb bei beiden Gruppen über die Zeit konstant. Bei den Gebildeteren stieg das Einkommen zwar stärker an, ebenso stiegen aber auch ihre materiellen Ansprüche im größeren Ausmaß an (vgl. Easterlin 2001: 475/479). Van Praag und Frijters entwickelten eine Methode, mit der sie die individuelle Nutzenfunktion von Menschen modellierten, den sogenannten Leyden-Ansatz. Bei diesem Ansatz ordnen Personen verschiedenen Einkommen qualitative Bewertungen („gut", „ausreichend", „schlecht") auf Basis der Einschätzung ihres eigenen Haushaltseinkommens zu. Auf diese Weise konnten die Autoren nachvollziehen, wie sich die Erwartungen und Präferenzen von Personen bezüglich ihres Einkommens ändern. Gemäß ihren Erkenntnissen fällt die ex-ante-Evaluation einer Einkommenserhöhung höher aus als die ex-post-Evaluation, das heißt, eine Einkommenserhöhung führt im Rückblick nicht zu dem vor der Erhöhung erwarteten Nutzengewinn. Diese Verschiebung der Präferenzen zerstört rund 60 Prozent des Nutzeneffektes eines Einkommenszuwachses (vgl. Van Praag/ Frijters 1999: 422f). Die Einschätzung passt zu dem Ergebnis von Di Tella et al. von 2010. Di Tella, Haisken-De New und Mac Culloch untersuchten mit den Daten des Sozioökonomischen Panels von 1984 bis 2000, ob Einkommen und Status langfristige Auswirkungen auf die Zufriedenheit haben oder ob die Effekte von Einkommens- und Statusänderungen mit der Zeit verschwinden. Ihre Berechnungen ergaben, dass das Einkommen kurzfristig einen positiven Einfluss auf das Glück ausübt: Der Einkommenskoeffizient beträgt im ersten Jahr 0,23. In den vier Jahren nach dem positiven Einkommensschock gehen allerdings 65,2 Prozent dieses Effektes verloren. Langfristig beträgt der Koeffizient des Einkommens daher nur 0,08. Anders ausgedrückt: Eine Steigerung des Nettoeinkommens um 12 Prozent, wie sie die Deutschen zwischen 1986 und 2000 erlebt haben, sollte ohne Gewöhnungseffekte eine Erhöhung der Zufriedenheit um 0,03 Indexpunkte erwarten lassen (auf einer Zehnerskala). Durch Gewöhnungseffekte reduziert sich die Glücksteigerung binnen vier Jahren jedoch auf 0,01 Indexpunkte (vgl. Di Tella et al. 2010: 839). Im Gegensatz zum Einkommen beobachteten Di Tella et al. keine Gewöhnungseffekte beim Status. Im Gegenteil scheint der Effekt einer positiven Statusveränderung mit der Zeit noch zu wachsen: Der Statuskoeffizient erhöht sich von 0,16 im ersten Jahr auf 0,24 nach vier Jahren. Di Tella et al. definieren Status hier nicht als Einkommensdifferenz, sondern als Prestige, das einer Person aufgrund seines Berufes zugeschrieben wird. Das Einkommen wird hier also nur indirekt berücksichtigt (vgl. Di Tella et al. 2010: 838ff). Di Tella et al. überprüfen am Beispiel von Japan, ob die von ihnen berechneten Gewöhnungseffekte das Easterlin-Paradox erklären können. In Japan hatte sich zwischen 1958 und 1987 das Pro-Kopf-Einkommen verfünffacht. Rechnet man mit den Koeffizienten von Di Tella et al., sollte dies die Zufriedenheit der Japaner um 0,32 Indexpunkte erhöhen, wenn keine Gewöhnungseffekte auftreten. Wenn die Gewöhnungseffekte berücksichtigt werden, sollte sich die Zufriedenheit rechnerisch nur um 0,13 Indexpunkte steigern. Tatsächlich hat sich die durchschnittliche Zufriedenheit der Japaner in dieser Zeit kaum verändert. Di Tella et al. schlussfolgern, dass ihr berechneter Gewöhnungseffekt ausreichend groß ist, um das Easterlin-Paradox zu erklären (vgl. Di Tella et al. 2007: 845).

Die Gewöhnung an eine Veränderung des Einkommens scheint indessen in erster Linie bei Einkommenserhöhungen stattzufinden. Burchardt wertete Daten der ersten zehn Befragungszyklen des British Household Surveys aus. Sie kam zu dem Ergebnis, dass Personen die über eine gewisse Periode eine Erhöhung des Einkommens erfuhren, nicht glücklicher waren als jene, die über dieselbe Periode auf einem konstanten Einkommen verblieben. Personen, deren Einkommen über den betrachteten Zeitraum fiel, waren hingegen wesentlich unzufriedener als die Vergleichsgruppen (vgl. Burchardt 2005: 92f). Diese Asymmetrie findet sich bei den Einkommenserwartungen wieder, wie sich noch zeigen wird. Stutzer überprüfte 2004, inwieweit Einkommenserwartungen das subjektive Wohlbefinden beeinflussen. Die Datengrundlage waren Befragungen zwischen 1992 und 1994 von 6.000 Schweizern zu ihrem subjektiven Wohlbefinden. Zudem wurden sie befragt, welches Einkommen sie als „ausreichend" („sufficient") bezeichnen würden und welches das absolute Minimum an Einkommen wäre, mit dem sie leben könnten (vgl. Stutzer 2004: 94). Stutzer kam zu dem Ergebnis, dass hohe Einkommenserwartungen ceteris paribus die persönliche Zufriedenheit reduzieren. Wenn sich die Einkommenserwartung verdoppelt – ausgehend vom als „ausreichend" angesehenen Einkommen – reduziert sich die Zufriedenheit um 0,266 Indexpunkte (vgl. Stutzer 2004: 96). Zudem steigen die Einkommenserwartungen, je höher das bereits erreichte Einkommen eines Individuums ist. Menschen, die im vorigen Jahr finanziell gut gestellt waren, haben höhere Einkommenserwartungen als jene, die in der Vergangenheit mit weniger Geld auskommen mussten. Zudem beobachtete Stutzer, dass höhere Erwartungen schneller angenommen werden als niedrigere Erwartungen nach einer Verschlechterung der finanziellen Lage (vgl. Stutzer 2004: 101). Auch Di Tella et al. fanden heraus, dass die Einkommenserwartungen von Menschen nicht symmetrisch sind. Menschen schätzen sich weniger glücklich ein, wenn sie zukünftig einen Einkommensverlust erwarten. Dem hingegen schätzen sie sich nicht als glücklicher ein, wenn sie eine Einkommenserhöhung erwarten. Diese Beobachtung lässt sich wahrscheinlich auf die Verlustaversion von Menschen zurückführen: erwartete Verluste werden stärker gewichtet als erwartete Gewinne (vgl. Di Tella et al. 2007: 846f).

4.4.3 Zusammenfassung der Einkommenseffekte

Folgende Erkenntnisse lassen sich zum Zusammenhang zwischen Einkommen und Lebenszufriedenheit zusammenfassen: Zu jedem beliebigen Zeitpunkt sind reichere Menschen glücklicher als ärmere Menschen. Einkommen wirkt also zu einem Zeitpunkt gesehen positiv auf das Glück. Betrachtet man die Beziehung zwischen Einkommen und Glück in einem Zeitverlauf, sei es in einem Land oder in einem Menschenleben, lässt sich keine Korrelation zwischen dem Einkommen und der Lebenszufriedenheit ausmachen. Dieses Phänomen lässt sich zum einen mit sozialen Vergleichen erklären: Menschen vergleichen ihr eigenes Einkommen mit dem Einkommen ihrer Referenzgruppe. Ihre Lebenszufriedenheit wird grundlegend durch ihre finanzielle Stellung relativ zu anderen beeinflusst und insbesondere bei reichen Personen weniger durch das absolute Einkommen. Hierbei orientieren sie sich in erster Linie an besser gestellten Referenzgruppen. Zum zweiten gewöhnen sich Menschen recht schnell und quasi vollständig an Einkommenserhöhungen. Die materiellen Ansprüche und Erwartungen werden an das aktuelle Einkommensniveau angepasst. Der positive Effekt einer Einkommenserhöhung auf die Zufriedenheit wirkt daher nur kurzfristig und ist bei anhaltend hohem Einkommensniveau binnen vier Jahren verschwunden. Die beiden psychologischen Prozesse wirken in die gleiche Richtung und haben zur Folge, dass Menschen sich mit ihrem erreichten Einkommen in der Regel nicht zufrieden geben, sondern stets nach mehr streben.

Was bedeutet dies für die Umweltbewertungen, die mit dem Lebenszufriedenheitsansatz durchgeführt werden? Wenn das soziale Relativeinkommen und die Einkommensgewöhnung aus einer Lebenszufriedenheitsregression ausgelassen werden, kann dies die Regressionsergebnisse verzerren. In Umweltbewertungsstudien, die den Lebenszufriedenheitsansatz verwenden, wurde in den meisten Fällen nur das absolute Einkommen in der Regression berücksichtigt. Es ist also wahrscheinlich, dass die resultierenden Werte mehr oder weniger stark verzerrt sind. Im folgenden Kapitel sollen daher monetäre Umweltwerte von Lebenszufriedenheitsstudien ins Verhältnis gesetzt werden zu Umweltwerten von Hedonic-Pricing- und Contingent-Valuation-Studien. Dies soll eine Einschätzung ermöglichen, in welchem Rahmen sich die mit dem Lebenszufriedenheitsansatz errechneten Umweltwerte bewegen und ob die Kritik, dass die Werte die Ergebnisse von klassischen Bewertungsmethoden um ein Vielfaches übersteigen, gerechtfertigt ist. Hierbei konzentriere ich mich auf Studien zur Bewertung der Luftqualität, da dieses Umweltgut besonders oft Gegenstand von Umweltbewertungen war. Darauffolgend werden die Erkenntnisse dieser Arbeit und die Erfahrungen von Autoren von Lebenszufriedenheitsstudien hinsichtlich der vollständigen Erfassung der Einkommenseffekte im Lebenszufriedenheitsansatz zusammengetragen.

5. Umweltwerte und die Erfassung des Einkommens

5.1 Monetäre Bewertungen der Luftqualität

Etliche nicht-marktgängige Güter wurden bereits mit dem Lebenszufriedenheitsansatz monetär bewertet. Besonders häufig wurde der Lebenszufriedenheitsansatz auf die Bewertung der Luftqualität angewendet (vgl. Dolan et al. 2011: 24ff). Die Luftqualität war zudem immer wieder der Untersuchungsgegenstand von Umweltbewertungsstudien, die mit dem Hedonic-Pricing-Ansatz oder der Contingent-Valuation-Methode arbeiteten. Über die Gründe hierfür lässt sich nur spekulieren, da die meisten Autoren die Wahl der Bewertung dieses speziellen Umweltproblems nicht näher begründen. Das Problem der Luftbelastung durch Schadstoffe ist zumindest bei Feinstaub direkt sichtbar und viele Menschen insbesondere in städtischen Gebieten sind von der Verschmutzung unmittelbar betroffen. Aufgrund der Gesundheitsgefährdung durch Luftschadstoffe wurde das Ziel der Verbesserung der Luftqualität bereits relativ früh auf die politische Agenda gesetzt. Großbritannien reagierte 1952 mit dem Clean Air Act auf die Smog-Perioden in London: In London war die Sterblichkeitsrate innerhalb einer zweiwöchigen Smog-Periode in 1952 um 230 Prozent angestiegen. 1979 wurde mit der staatenübergreifenden Genfer Luftreinhaltekonvention zwischen europäischen Staaten, den USA und Kanada auf die Erkenntnis reagiert, dass Luftschadstoffe wie Schwefeldioxid auch lange Distanzen zurücklegen und ferne Ökosysteme schädigen können (vgl. Williams 2009: 131f). Schadstoffreduktionen konnten seitdem in der Industrie vor Allem durch die Substitution von Brennstoffen zur Energieerzeugung sowie den Einsatz von Filtertechnologien und im Verkehr durch den Einsatz von Katalysatoren und schadstoffärmeren Treibstoffen in Kraftfahrzeugen erzielt werden (vgl. Williams 2009: 137ff). Maßnahmen zur Reduktion der Luftschadstoffe waren und sind mit Kosten verbunden. Die politische Relevanz des Themas der Luftqualität gepaart mit der Frage, welchen gesellschaftlichen Nutzen man den ökonomischen Kosten der Schadstoffvermeidung gegenüberstellen kann, sind vermutlich Gründe für das Interesse an der monetären Bewertung der Luftqualität.

Einige monetäre Werte für die Luftqualität, die mit den unterschiedlichen Ansätzen ermittelt wurden, werden im Folgenden gegenübergestellt. Dies soll eine grobe Einschätzung ermöglichen, in welchem Rahmen sich die Werte des Lebenszufriedenheitsansatzes gegenüber den konventionellen Methoden befinden und ob die Kritik, dass die Werte zu hoch angesetzt sind, gerechtfertigt ist.

In den Tabellen 1, 2 und 3 sind die Ergebnisse von Studien zur Bewertung der Luftqualität mit dem Lebenszufriedenheitsansatz (Tabelle 1), der Hedonic-Pricing-Methode (Tabelle 2) und der Contingent-Valuation-Methode (Tabelle 3) zusammengetragen. Zu den Studien in Tabelle 1 ist anzumerken, dass nur Werte für Schadstoffe aufgeführt wurden, für die in der jeweiligen Studie ein signifikanter Einfluss auf die Lebenszufriedenheit festgestellt wurde. Wenn nichts Anderweitiges angegeben wird, benennt Spalte 6 („Einkommenskompensation") aller drei Tabellen die Willingness-to-Pay für die in Spalte 5 definierte Verbesserung der Luftqualität. Bei den Contingent-Valuation-Studien handelt es sich hierbei um die arithmetischen Mittelwerte von hypothetischen Zahlungsbereitschaften, die von den Probanden der jeweiligen Studie formuliert wurden. Bei den Studien in Tabelle 1 und 2 dagegen sind es Zahlungsbereitschaften, die errechnet wurden und jenen monetären Betrag darstellen, dessen Erhalt für ein Individuum den gleichen Nutzenzuwachs bieten würde wie die entsprechende Luftqualitätsverbesserung. Wenn nichts Anderes in den Tabellen angegeben wurde, gelten die Einkommenskompensationen pro Jahr.

Die Studien grenzen sich in vielen Aspekten gegeneinander ab: Die monetären Beträge der Einkommenskompensationen sind entweder in Kaufkraftparitäten oder in nominalen Werten angegeben, wobei sich die nominalen Werte weiterhin in Währung und Basisjahr unterscheiden können. Die Schadstoffkonzentrationen werden in Mikrogramm pro Kubikmeter, in parts per million oder in Kilotonnen angegeben. Innerhalb des Lebenszufriedenheitsansatzes existiert keine einheitliche Definition der verwendeten Einkommensvariablen. Bei den Hedonic-Pricing-Studien gilt das gleiche für die Definition der abhängigen Variablen. Ein weiterer wichtiger Unterscheidungspunkt der Studien ist, ob eine marginale oder eine infra-marginale Veränderung der Luftqualität bewertet wurde. Die infra-marginale Luftqualitätsbewertung hängt entscheidend von der Ausgangsbelastung im Untersuchungsgebiet ab sowie von dem Ausmaß der Luftqualitätsänderung. Die resultierenden Einkommenskompensationen fallen dementsprechend für jede Studie anders aus, da die Untersuchungsgebiete unterschiedliche Vorbelastungen aufweisen und zudem verschieden starke Änderungen der Schadstoffkonzentrationen betrachtet werden.

Tabelle 1: Studien zur Bewertung der Luftqualität mit dem Lebenszufriedenheitsansatz

Autor	Untersuchungsgebiet	Untersuchte(r) Schadstoff(e)	Einkommens-variable	Marginale oder infra-marginale Veränderung	Einkommenskompensation
Welsch 2002	54 Länder	NO_2	BNE pro Kopf	Marginal: NO_2-Reduktion um 1 Kilotonne	**$ 70** (in Kaufkraftparitäten in 2002 Dollar)
				Infra-Marginal: NO_2-Erhöhung um 27,5 Kilotonnen, d.h. Erhöhung vom deutschen aufs japanische NO_2-Niveau	**$ 1.925** (in Kaufkraftparitäten in 2002 Dollar) →Compensating Surplus, um Anstieg zu akzeptieren
Welsch 2006	10 europäische Länder	TSP	BNE pro Kopf	Marginal: TSP-Reduktion um 1 $\mu g/m^3$	**$ 13 – 211** (in 1990 Dollar)
		NO_2	BNE pro Kopf	Infra-Marginal: NO_2-Reduktion von 1990-Niveau auf 1997-Niveau	**$ 760** (in Kaufkraftparitäten in 1990 Dollar)
		Blei	BNE pro Kopf	Infra-Marginal: NO_2-Reduktion von 1990-Niveau auf 1997-Niveau	**$ 1.390** (in Kaufkraftparitäten in 1990 Dollar)
Welsch 2007	54 Länder	NO_2	BNE pro Kopf	Marginal: NO_2-Reduktion um 1 Kilotonne	**$ 70** (in Kaufkraftparitäten in 1990 Dollar)
Luechinger 2009	Deutschland	SO_2	Nettohaushalts-einkommen	Marginal: SO_2-Reduktion um 1 $\mu g/m^3$	**€ 183 – 313** (in 2002 Euro)
Ferreira/ Moro 2010	Irland	PM_{10}	Bruttohaushalts-einkommen	Marginal: PM_{10}-Reduktion um 1 $\mu g/m^3$	**€ 945** (in 2002 Euro)
				Infra-Marginal: Anstieg von jährlicher, durchschnittlicher PM_{10}-Konzentration von 20.4 $\mu g/m^3$ auf 23.6 $\mu g/m^3$	**€ 3.200** (in 2002 Euro) →Compensating Surplus, um Anstieg zu akzeptieren
					€ 2.800 (in 2002 Euro) →Equivalent Surplus, um Anstieg zu verhindern
Levinson 2012	USA	PM_{10}	Realhaushalts-einkommen	Marginal: PM_{10}-Reduktion um 1 $\mu g/m^3$	**$ 728 – 891** (in 2008 Dollar)
				Infra-Marginal: PM_{10}-Reduktion um eine Standardabweichung, d.h. 47% an einem Tag	**$ 29 – 35 pro Tag** (in 2008 Dollar)

Tabelle 2: Studien zur Bewertung der Luftqualität mit der Hedonic-Pricing-Methode

Autor	Untersuchungsgebiet	Untersuchte(r) Schadstoff(e)	Abhängige Variable	Marginale oder infra-marginale Veränderung	Einkommenskompensation
Brookshire et al. 1982	Los Angeles Metropolitan Area	NO_2 TSP	Häuserverkaufspreise	Infra-Marginal: Luftqualitätsverbesserung um 30% gegenüber Ausgangswert von „poor“ zu „fair“ „Poor”: $NO_2 > 11$ pphm und TSP > 110 µg/m^3 “fair”: NO_2 = 9-11 pphm und TSP = 90-110 µg/m^3	**\$ 15,44 – 45,92 monatlich** (in 1978 Dollar)
				Infra-Marginal: Luftqualitätsverbesserung um 30% gegenüber Ausgangswert von „fair“ zu „good“ “good”: $NO_2 < 9$ pphm und TSP < 90 µg/m^3	**\$ 33,17 – 128,46 monatlich** (in 1978 Dollar)
Smith/ Huang 1995	Großstädte der USA: Meta-Analyse von 50 Studien	TSP	Häuserpreise (keine näheren Angaben)	Marginal: TSP-Reduktion um 1 µg/m^3	**\$ 22,4 – 109,9** (in 1982-84 Dollar)
Chattopadhyay 1999/	Chicago: Counties Cook und DuPage	PM_{10}	Häuserverkaufspreise	Marginal: PM_{10}-Reduktion um 1 µg/m^3	**\$ 268 – 363** (in 1989-90 Dollar)
				Infra-Marginal: PM_{10}-Reduktion um 25% gegenüber dem Ausgangswert (28-48 µg/m^3)	**\$ 2.037 – 3.350** (in 1989-90 Dollar)
		SO_2	Häuserverkaufspreise	Marginal: SO_2-Reduktion um 0,001 ppm	**\$ 878 – 1.036** (in 1989-90 Dollar)
				Infra-Marginal: SO_2-Reduktion um 25% gegenüber dem Ausgangswert (0,003-0,011 ppm)	**\$ 1.353 – 1.925** (in 1989-90 Dollar)
Zabel/Kiel 2000	Chicago, Denver Philadelphia, Washington D.C.	TSP	Häuserpreise (nach Einschätzung des Eigentümers)	Infra-Marginal: TSP-Reduktion von 265/ 246 µg/m^3 auf 150 µg/m^3 in Chicago und Denver	**\$ 137 – 231** (in 1990 Dollar)
		O_3	Häuserpreise (nach Einschätzung des Eigentümers)	Infra-Marginal: O_3-Reduktion von 142/ 136 ppm auf 120 ppm in Philadelphia und Washington D.C.	**\$ 334 – 537** (in 1990 Dollar)
Kim et al. 2003	Seoul	SO_2	Häuserpreise (nach Einschätzung des Eigentümers)	Marginal: SO_2-Reduktion um 1 ppb	**\$ 2.333** (in 1993 Dollar)
Luechinger 2009	Deutschland	SO_2	Monatliche Mietpreise	Marginal: SO_2-Reduktion um 1 µg/m^3	**€ 6 – 34 Euro** (in 2002 Euro)
Bayer et al. 2009	USA	PM_{10}	Häuserpreise (Preis der “housing services”)	Marginal: PM_{10}-Reduktion um 1 µg/m^3	**\$ 149 – 185** (in 1982-84 Dollar)

Tabelle 3: Studien zu Bewertung der Luftqualität mit der Contingent-Valuation-Methode

Autor	Untersuchungsgebiet	Untersuchte(r) Schadstoff(e)	Erhebung der Zahlungsbereitschaften	Marginale oder infra-marginale Veränderung	Einkommenskompensation
Brookshire et al. 1982	Los Angeles Metropolitan Area	NO_2 TSP	Interviews: Luftqualität wurde mit Karten der Regionen und Fotos dargestellt	Infra-Marginal: Luftqualitätsverbesserung um 30% gegenüber Ausgangswert von „poor" zu „fair" „Poor": $NO_2 > 11$ pphm und TSP > 110 $\mu g/m^3$ "fair": NO_2 = 9-11 pphm und TSP = 90-110 $\mu g/m^3$	**$ 11 – 22,06 monatlich** (in 1978 Dollar)
				Infra-Marginal: Luftqualitätsverbesserung um 30% gegenüber Ausgangswert von „fair" zu „good" "good": $NO_2 < 9$ pphm und TSP < 90 $\mu g/m^3$	**$ 5,55 – 28,18 monatlich** (in 1978 Dollar)
Smith/ Osborne 1996	Nationalparks in USA: Meta-Analyse von 5 CT-Studien	TSP/ PM_{10} →Sichtverhältnisse	Interviews: Änderung der Luftqualität wurde mit Fotos gezeigt	Infra-Marginal: Verbesserung der Sichtverhältnisse um 50%	**$ 9,27 monatlich** (in 1990 Dollar)
				Infra-Marginal: Verbesserung der Sichtverhältnisse um 118%	**$ 2,75 monatlich** (in 1990 Dollar)
				Infra-Marginal: Verbesserung der Sichtverhältnisse um 62%	**$ 4,35 monatlich** (in 1990 Dollar)
				Infra-Marginal: Verbesserung der Sichtverhältnisse um 79 %	**$ 8,5 monatlich** (in 1990 Dollar)
				Infra-Marginal: Verbesserung der Sichtverhältnisse um 95%	**$ 0,46 monatlich** (in 1990 Dollar)
Schulz 1985	Westberlin	SO_2	Schriftliche Befragungen, Luftgütezustände wurden mit Szenarien beschrieben	Infra-Marginal: Verbesserung der Luftqualität von Berliner Luft (80-95 $\mu g/m^3$) zu Luftqualität einer Kleinstadt (40-65 $\mu g/m^3$)	**DM 30 monatlich**

Ein direkter Vergleich der monetären Werte der Luftqualität ist aufgrund dieser zahlreichen Unterschiede kaum möglich und die Spanne der Werte ist zwischen den Bewertungsansätzen ebenso wie innerhalb eines Bewertungsansatzes entsprechend breit. Deshalb wird hier lediglich auf Auffälligkeiten eingegangen:

Die Studien legten ihren Untersuchungsschwerpunkt auf unterschiedliche Luftschadstoffe. Viele Studien konzentrierten sich auf die Untersuchung von Feinstaub: TSP steht für „Total Suspended Particulates“ und umfasst alle Schwebstoffe mit einem Umfang von weniger als 100 Mikrometern. Bei PM_{10} („Particulate Matter“) handelt es sich um Schwebstoffe mit einem Umfang von zehn oder weniger als zehn Mikrometern. Hohe TSP- und PM_{10}-Konzentrationen schränken die Sichtverhältnisse ein. Zudem sind hohe PM_{10}-Expositionen bei Menschen mit Auswirkungen auf die Sterblichkeit und die Erkrankungsrate insbesondere an Herz-Kreislauf- und Atemwegserkrankungen assoziiert (vgl. U.S. EPA 2012).

Bei dem Großteil der Contingent-Valuation-Studien von Tabelle 3 wurden die Änderungen der Konzentrationen dieser Luftschadstoffe visuell durch das Zeigen von Fotos dargestellt. Somit ist es wahrscheinlich, dass die resultierende Zahlungsbereitschaft der Befragten in erster Linie den Nutzen der verbesserten Sichtverhältnisse und weniger die gesundheitlichen Nutzenvorteile der Schadstoffreduktion erfasst. Während die Sichtverhältnisse recht einfach beurteilt werden können, müssten die Befragten zur Bewertung der gesundheitlichen Aspekte über die komplexeren und nicht sichtbaren Wirkungen der Schadstoffe auf den Menschen informiert sein (vgl. Welsch 2006: 810). Das gleiche gilt für die Hedonic-Pricing-Studien: Es ist unklar, inwieweit Individuen Informationen über die Luftqualität eines Wohnortes verarbeiten, wenn sie ihre Zahlungsbereitschaft für ein Wohnhaus bestimmen. Wahrscheinlich ist, dass die Zahlungsbereitschaften nicht den gesamten gesundheitlichen Nutzen der Luftqualität wiedergeben (vgl. Zabel/ Kiel 2000: 177/ 192). Anders verhält es sich beim Lebenszufriedenheitsansatz. Die Effekte der Luftschadstoffe auf die Gesundheit werden durch die Messung der Lebenszufriedenheit erfasst, ohne dass sich die Befragten der Wirkung der Schadstoffe oder gar der kausalen Beziehung zwischen der Luftbelastung und ihrem Gesundheitszustand bewusst sein müssen (vgl. Welsch/ Kühling 2009: 393). Dies könnte ein Grund dafür sein, warum zumindest die Werte der Contingent-Valuation-Studien deutlich kleiner sind als jene des Lebenszufriedenheitsansatzes.

Weniger deutlich sind die Unterschiede zwischen den Werten des Hedonic-Pricing-Ansatzes und des Lebenszufriedenheitsansatzes. Es ist jedoch zu bedenken, dass fast alle Hedonic-Pricing-Studien davon ausgehen, dass Individuen keine Umzugskosten haben. Plausibler wäre jedoch die Annahme, dass Menschen nur in eine andere Region umziehen würden, wenn die dortige bessere Luftqualität sie sowohl für die höheren Mieten als auch für die Umzugskosten entschädigen würde (vgl. Luechinger 2009: 507). Bayer et al. berücksichtigten in ihrer Studie von 2009 die Mobilitätskosten von Individuen. Ihre so ermittelten Werte für die Luftqualität waren in der Folge 3,5 Mal höher als die Werte, die mit der konventionellen Berechnung ermittelt wurden (vgl. Bayer et al. 2009: 12). Somit ist es wahrscheinlich, dass die meisten Werte der Studien der Tabelle 2 nach unten verzerrt sind.

Die Werte des Lebenszufriedenheitsansatzes sind vermutlich ebenfalls verzerrt, allerdings nach oben. Dies wird zumindest häufig von Autoren festgestellt, die selbst den Lebenszufriedenheitsansatz anwandten (vgl. Luechinger 2009: 510, Dolan et al. 2011: 7; Powdthavee 2010: 89; Menz/ Welsch 2010: 2584). Bei der Betrachtung einiger Luftqualitätswerte ist diese Kritik nicht ganz von der Hand zu weisen: Levinson ermittelte eine hypothetische Zahlungsbereitschaft für die Luftqualität, die ungefähr doppelt so groß ist wie jene der Studie von Bayer et al. (2009) und diese ist eine der höchsten Werte für die Luftqualität, die mit dem Hedonic-Pricing-Ansatz ermittelt wurden (vgl. Levinson 2012: 870).

Es lässt sich zusammenfassen, dass die monetären Bewertungen für die Luftqualität selbst innerhalb der Bewertungsmethoden sehr unterschiedlich und aufgrund unterschiedlicher Parameter und Annahmen kaum vergleichbar sind. Da jede Bewertungsmethode ihre Fehler und Schwächen aufweist, kann kein Ansatz den Anspruch erheben, korrekte monetäre Einschätzungen für Umweltgüter zu liefern.

Im Folgenden kehrt der Fokus daher auf den Lebenszufriedenheitsansatz zurück und es wird darauf eingegangen, wie die Güte von Lebenszufriedenheitsstudien verbessert werden kann, indem die Effekte des Einkommens auf die Lebenszufriedenheit möglichst vollständig abgebildet werden.

5.2 Die vollständige Erfassung des Einkommens im Lebenszufriedenheitsansatz

Eine möglichst korrekte Schätzung des Einkommenskoeffizienten im Regressionsmodell ist eine wichtige Voraussetzung für die akkurate, monetäre Bewertung von Umweltgütern nach dem Lebenszufriedenheitsansatzes. Nachfolgend werden Möglichkeiten aufgeführt, wie die in Kapitel 3.5 genannten Endogenitätsprobleme beseitigt werden könnten und wie die Erkenntnisse zum Zusammenhang zwischen dem Einkommen und der Lebenszufriedenheit in Umweltbewertungsstudien eingebaut werden könnten.

5.2.1 Fixed-Effects-Modelle und die Instrumentierung des Einkommens

In Kapitel 3.5.1 wurde angeführt, dass das Auslassen der Charaktereigenschaften die Ergebnisse einer Lebenszufriedenheitsregression verzerren kann. Ferrer-i-Carbonell und Frijters beschäftigten sich in ihrer Studie von 2004 explizit damit, wie die angewandte Methode die Ergebnisse von Zufriedenheitsregressionen verändert. Ein Ergebnis der Studie war, dass die Berücksichtigung oder Nicht-Berücksichtigung von individuenspezifischen Fixed Effects die Höhe des Einkommenskoeffizienten deutlich beeinflusst. Der positive Einfluss des Einkommens auf die Lebenszufriedenheit reduzierte sich in den Berechnungen von Ferrer-i-Carbonell und Frijters um zwei Drittel, als personenspezifische, zeitkonstante Faktoren in der Regressionsrechnung mit eingeschlossen wurden (vgl. Ferrer-i-Carbonell/ Frijters 2004: 654f). Powdthavee kam zu einem ähnlichen Ergebnis: Er beschäftigte sich in seiner Studie von 2010 mit der Wirkung des Einkommens auf die Lebenszufriedenheit. In seinen Berechnungen reduzierte sich der Einkommenskoeffizient von 0,1 auf 0,019, als die individuelle Heterogenität der Befragten mit einem Fixed-Effects-Modell kontrolliert wurde (vgl. Powdthavee 2010: 85). Diese Ergebnisse lassen darauf schließen, dass die Höhe des Einkommens einer Person maßgeblich von seinen Persönlichkeitseigenschaften mitbestimmt wird und von Natur aus glücklichere Menschen durchschnittlich mehr Einkommen haben. Dies lässt sich damit erklären, dass glückliche Individuen mit größerer Wahrscheinlichkeit bessere Jobs erlangen und in diesen als erfolgreich eingestuft werden als ihre unglücklichen Mitmenschen (vgl. Lyubomirsky et al. 2005: 822f). Wenn also in der Regression keine exogene Einkommensvariable verwendet wird, sollten die Auswirkungen der Charaktereigenschaften berücksichtigt werden. Ansonsten wird der Einfluss des Einkommens auf das Glück systematisch überschätzt. Wäre ein solch überhöhter Einkommenskoeffizient Grundlage einer Umweltbewertung, wären die resultierenden Umweltwerte zu klein.

Der eigentliche Kritikpunkt an Lebenszufriedenheitsstudien ist jedoch, dass der Einkommenskoeffizient zu niedrig ist und die resultierenden Umweltwerte zu hoch sind. Folglich müssen andere Endogenitätsprobleme dafür verantwortlich sein, dass der Einkommenskoeffizient nach unten verzerrt wird. Powdthavee untersuchte neben dem Einfluss der individuellen Heterogenität auch die Wirkung der Opportunitätskosten des Einkommens auf den Einkommenskoeffizienten. Die Opportunitätskosten des Einkommens sind jene zeitlich variierenden Faktoren, die positiv mit dem Einkommen, aber negativ mit der Lebenszufriedenheit korrelieren, wie der Anfahrtsweg zur Arbeit, die Zahl der Arbeitsstunden und der einhergehende Verlust an Freizeit. Powdthavee kam zu dem Ergebnis, dass der Einkommenskoeffizient zu groß ist, wenn die Charaktereigenschaften in der Regression ausgelassen werden. Wenn hingegen beide Quellen der Endogenität – die Charaktereigenschaften und die Opportunitätskosten des Einkommens – berücksichtigt werden, ist die Gesamtverzerrung des Einkommens negativ. Der Einkommenskoeffizient lag in dieser Berechnung bei 0,2 und damit doppelt so hoch wie in der Basisregression (vgl. Powdthavee 2010: 82/ 86). Um die Opportunitätskosten des Einkommens zu kontrollieren, bildete Powdthavee eine Instrumentvariable für das Einkommen mit dem Anteil der erwerbstätigen Haushaltsmitglieder. Die Instrumentierung des Einkommens ist eine Möglichkeit, um die Opportunitätskosten des Einkommens zu kontrollieren. Ein Beispiel für die Instrumentierung des Haushaltseinkommens, an welchem sich andere Autoren orientierten, setzte Luttmer in seiner Untersuchung zu sozialen Einkommensvergleichen von 2005. Luttmer nutzte Daten des Current Population Surveys, um das Haushaltseinkommen anhand der Informationen zum Arbeitsort, der Arbeitsbranche und der Tätigkeit der/des Befragten und ihres/ seines Ehepartners/ Ehepartnerin zu prognostizieren. In der Regression, in welcher das Einkommensinstrument eingesetzt wurde, war der Einkommenskoeffizient dreimal so groß wie in der Basisregression (vgl. Luttmer 2005: 976f). Luechinger instrumentierte in seiner Studie zur Bewertung der Luftqualität in Deutschland das Einkommen ähnlich wie Luttmer: Er berechnete das durchschnittliche Einkommen von 5.000 Branchen-Tätigkeits-Feldern und ordnete den Befragten das jeweilige Durchschnittseinkommen entsprechend ihrer Branche und Tätigkeit zu (vgl. Luechinger 2009: 492f). Auch bei Luechinger verdreifachte sich nach der Instrumentierung der Einkommenskoeffizient (vgl. Luechinger 2009: 494). Die berechneten Einkommenskompensationen unterschieden sich in der Folge stark: Die marginale Willingness-to-Pay für eine SO_2-Reduktion um ein Mikrogramm pro Kubikmeter betrug 183 Euro nach der Basisregression und 313 Euro, als das Einkommen und die SO_2-Verschmutzung instrumentiert und individuenspezifische Fixed Effects berücksichtigt wurden (vgl. Luechinger 2009: 506). Levinson instrumentierte seine Einkommensvariable in seiner Studie zur Bewertung der Luftqualität in den USA mit dem Lebenszufriedenheitsansatz ebenfalls nach dem Vorbild von Luttmer. Die Ergebnisse von Levinson schließen sich an die Resultate von Luechinger und Luttmer an: Der Instrumentierung des Einkommens führte zu einer Verdopplung des Einkommenskoeffizienten im Vergleich zur Basisregression (vgl. Levinson 2012: 875). Levinson errechnete in seiner Basisregression eine marginale Willingness-to-Pay von 891 Dollar für eine Reduktion der PM_{10}-Konzentration um ein Mikrogramm pro Kubikmeter. Nach der Instrumentierung reduzierte sich die marginale Willingness-to-Pay auf 728 Dollar (vgl. Levinson 2012: (873/ 876). Pischke und Schwandt wiesen darauf hin, dass man mit der beschriebenen Instrumentierung des Einkommens keinen exogenen Messwert des Einkommens erhält, da die Wahl der Branche und des Berufes ebenfalls mit individuellen Spezifika korreliert, wie unter anderem dem Bildungsstand der Mutter (vgl. Pischke/ Schwandt 2012: 7f). Der Einsatz einer Instrumentvariable für das Einkommen ist somit keine Garantie dafür, dass die resultierenden Umweltwerte nicht mehr verzerrt sind. Jedoch wird es einfacher, abzuschätzen, in welche Richtung und in welchem Ausmaß die Werte verzerrt sein könnten, wie an den Ergebnissen von Luechinger und Levinson zu sehen ist.

5.2.2 Berücksichtigung der indirekten Effekte des Einkommens

In Kapitel 3.5.4 wurde darauf hingewiesen, dass das Einkommen wahrscheinlich nicht nur direkte Effekte auf das Glück hat, sondern auch indirekte Effekte zum Beispiel über die Verbesserung des Gesundheitszustandes. Dolan et al. (2011) meinen, dass das Einkommen mit anderen Faktoren, die das Glück beeinflussen, korreliert ist und der Einkommenskoeffizient unterschätzt wird, wenn die indirekten Effekte dem Einkommen nicht zugerechnet werden. Sie erklären die hohen monetären Werte für nichtmarktgängige Güter in Lebenszufriedenheitsstudien damit, dass die indirekten Effekte des Einkommens bisher missachtet wurden. Sie stellen ihren Step-Approach vor, mit dem man plausiblere Werte erhalten soll und welcher hier kurz erläutert wird (vgl. Dolan et al. 2011: 3):

Im ersten Schritt wird getestet, ob das Einkommen mit einer oder mehrerer, erklärender Variablen der Regressionsgleichung korreliert. Hierzu wird in einer Nebenregression das Einkommen als Funktion der anderen erklärenden Variablen aus der LS-Funktion (u.a. Beziehungsstatus, Gesundheitszustand) dargestellt. Wenn das Bestimmtheitsmaß dieser Nebenregression größer ist als das Bestimmtheitsmaß der normalen LS-Regression (Klein's Rule of Thumb), kann davon ausgegangen werden, dass das Einkommen mit den anderen erklärenden Variablen korreliert. Diese Korrelationen sollen im zweiten Schritt herausgefiltert werden. Im zweiten Schritt wird zuerst die normale LS-Funktion geschätzt. Der hieraus resultierende Einkommenskoeffizient stellt den direkten Einfluss des Einkommens auf die Lebenszufriedenheit dar. Dann werden mehrere LS-Regressionen durchgeführt, wobei immer eine erklärende Variable, von der vermutet wird, dass sie mit dem Einkommen korreliert, herausgelassen wird. Durch das Auslassen der erklärenden Variablen müsste sich der Einkommenskoeffizient erhöhen. Diese Veränderungen des Einkommenskoeffizienten ergeben zusammengenommen den gesamten indirekten Effekt des Einkommens. Der direkte und der indirekte Effekt des Einkommens werden addiert und ergeben den „wahren" Einkommenskoeffizienten, mit dem im dritten Schritt die monetäre Bewertung des nicht-marktgängigen Gutes vorgenommen werden kann (vgl. Dolan et al. 2011: 10ff).

Die monetären Werte für nicht-marktgängige Güter, die Dolan et al. mit dieser Vorgehensweise erhielten, waren durchschnittlich um 50 Prozent niedriger als die Werte, die sie mit der üblichen Bewertungsmethode errechneten. Beispielsweise schätzten sie den psychologischen Wert einer bezahlten Arbeitsstelle im Vergleich zur Arbeitslosigkeit. Mit der üblichen Bewertungsmethode nach dem Lebenszufriedenheitsansatz kommen sie zu dem Ergebnis, dass ein Individuum 12.000 Pounds pro Monat erhalten müsste, um das gleiche Lebenszufriedenheitsniveau wie ein Beschäftigter zu haben. Mit der Anwendung des Step-Approach erhielten sie einen Wert von nur 6.000 Pounds (vgl. Dolan et al. 2011: 16).

5.2.3 Berücksichtigung des sozialen Relativeinkommens

Aus Kapitel 4.3 resultiert, dass das Referenzeinkommen eines Individuums sich auf sein Wohlbefinden auswirkt. Der Einfluss des Referenzeinkommens kann zum Beispiel kontrolliert werden, indem das durchschnittliche Einkommen der Referenzgruppe als zusätzliche, erklärende Variable in die Regressionsgleichung aufgenommen wird. Der Koeffizient des Referenzeinkommens ist in den meisten Fällen negativ, da in der empirischen Forschung vorwiegend beobachtet wurde, dass das Einkommen der Referenzgruppe negativ mit der Lebenszufriedenheit eines Individuums korreliert ist. Die Höhe des Koeffizienten des Referenzeinkommens hängt von der finanziellen Ausgangslage ab: Bei Individuen mit sehr hohem Einkommen würde der Koeffizient des Referenzeinkommens wahrscheinlich höher sein, als der Koeffizient des Absoluteinkommens (siehe Kapitel 4.3.2). Clark et al. (2008) stellten eine Glücksfunktion auf, die den Effekt von sozialen Vergleichen berücksichtigt. Diese soll als Beispiel dafür dienen, wie das soziale Relativeinkommen in einer Lebenszufriedenheitsfunktion aufgenommen werden könnte. Hierzu werden die Gleichungen (1) und (2) aus Kapitel 3.3 nach dem Vorbild von Clark et al. erweitert (vgl. Clark et al. 2008: 100):

$$LS_{ijt} = F(M_{ijt}, \frac{M_{ijt}}{M^{*}_{ijt}}, \dots, Q_{jt}) \qquad (7)$$

Die glücksrelevanten Faktoren auf dem Mikro- und Makrolevel werden aus Gründen der Einfachheit hier nicht explizit mit aufgeführt. Der empirische Schätzansatz wäre dementsprechend:

$$LS^*_{ijt} = \alpha + \beta_1 \ln(M_{ijt}) + \beta_2 \ln\left(\frac{M_{ijt}}{M^*_{ijt}}\right) + \cdots + \beta_3 Q_{jt} + \varepsilon_{it} \quad (8)$$

LS^* ist das empirisch gemessene subjektive Wohlbefinden des Individuums *i*. M_{ijt} ist das absolute Einkommen des Individuums *i*, welches in der Regel ein Messwert des Haushaltseinkommens ist. Es wird logarithmiert, um dem abnehmenden Grenznutzen Rechnung zu tragen, das heißt, dass sich Einkommensänderungen umso weniger stark auf die Lebenszufriedenheit auswirken, je höher das Einkommen von Individuum *i* bereits ist. M^*_{ijt} ist das durchschnittliche Einkommen der Referenzgruppe von *i* und somit das Referenzeinkommen. Der Quotient $\frac{M_{ijt}}{M^*_{ijt}}$ kann hier als relatives Einkommen oder soziales Relativeinkommen bezeichnet werden. Er wird logarithmiert, um Folgendes zu verdeutlichen: Wenn Individuum *i* sich mit seinem Einkommen nah am Referenzeinkommen befindet, wirken sich Einkommens- und damit Statusänderungen stark auf seine Zufriedenheit aus. Wenn es aber sehr weit über oder unter dem Referenzdurchschnitt liegt, wirken sich Einkommens-/ Statusänderungen nicht mehr so stark auf sein Glück aus. Der Koeffizient des sozialen Relativeinkommens β_2 ist gemäß empirischen Erkenntnissen positiv, was bedeutet, dass ein Individuum umso glücklicher ist, je höher sein Einkommen über dem Referenzeinkommen liegt.

In Kapitel 4.3.3 wurde festgestellt, dass bei Einkommensvergleichen oft eine Asymmetrie zwischen Abwärts- und Aufwärtsvergleichen vorliegt. Ferrer-i-Carbonell (2005) gab ein Beispiel dafür, wie man auf eine mögliche Vergleichsasymmetrie testen kann: Er führte die Variablen „reicher als der Durchschnitt“ definiert als $(lnM_{ijt} - lnM^*_{ijt} > 0)$ und „ärmer als der Durchschnitt“ definiert als $(lnM^*_{ijt} - lnM_{ijt} > 0)$ in seine Regression ein. Wenn der Koeffizient der Variable „reicher als der Durchschnitt“ nicht signifikant oder wesentlich kleiner als der Koeffizient der Variable „ärmer als der Durchschnitt“ ist, deutet dies darauf hin, dass eine Vergleichsasymmetrie besteht und die Individuen ihr Einkommen vornehmlich mit besser gestellten Referenzgruppen vergleichen (vgl. Ferrer-i-Carbonell 2005: 1004).

Bisher gibt es kaum Umweltbewertungsstudien nach dem Lebenszufriedenheitsansatz, die das soziale Relativeinkommen berücksichtigen. Eine Umweltbewertungsstudie, die auf das soziale Relativeinkommen eingeht, stammt von Ferreira und Moro (2009), in der sie die Effekte der Umweltbedingungen in verschiedenen Regionen von Irland auf das Wohlbefinden untersuchten. Im Robustheitstest schlossen Ferreira und Moro nach eigenen Aussagen einige Variablen für das soziale Relativeinkommen mit ein. Sie waren jedoch alle nicht signifikant und wurden daher aus der endgültigen Modellspezifikation herausgelassen. Der Messwert des sozialen Relativeinkommens war bei ihnen die Differenz zwischen dem eigenen Einkommen und dem Durchschnittseinkommen der Mitglieder der Kommunalverwaltungen („average income of the local authority of residence"). Sie vermuten, dass sich das soziale Relativeinkommen bei ihnen als nicht signifikant erwies, weil ihre Stichprobe zu klein war (vgl. Ferreira/ Moro 2010: 269). Denkbar wäre ebenso, dass eine Referenzgruppe gewählt wurde, mit der sich die Befragten in Wirklichkeit gar nicht vergleichen. In dem Fall könnte natürlich kein signifikanter Einfluss des Referenzeinkommens auf die Lebenszufriedenheit festgestellt werden. Die Wahl der geeigneten Referenzgruppe ist entscheidend für die Schätzung des Einflusses des sozialen Relativeinkommens. Aus Kapitel 4.3.2 geht hervor, dass sich Individuen in erster Linie mit anderen Individuen vergleichen, die so ähnlich sind wie sie selber. Ferrer-i-Carbonell zeigte in seiner Studie zur Untersuchung der Effekte sozialer Einkommensvergleiche, wie man Referenzgruppen sinnvoll definieren kann: Er bildet Gruppen von Personen, die in derselben Alterspanne von 10 Jahren liegen, die eine ähnliche Anzahl von Jahren auf ihre Bildung verwendet haben und die in derselben Region leben (hier nur differenziert in West- und Ostdeutschland). Mit diesen Kriterien bildet er 50 verschiedene Referenzgruppen. Das Referenzeinkommen eines Individuums ist entsprechend das Durchschnittseinkommen der Personen in seiner Referenzgruppe (vgl. Ferrer-i-Carbonell 2005: 1005). Eine weitere Differenzierung der Gruppen bezüglich ihres Geschlechts führte zu keiner signifikanten Änderung der Ergebnisse (vgl. Ferrer-i-Carbonell 2005: 1016f). Die exogene Definition der Referenzgruppe eines Individuums nach Ferrer-i-Carbonells Beispiel ist sicherlich zielführend. Allerdings wird hier noch nicht die Erkenntnis berücksichtigt, dass sich Individuen insbesondere mit den Personen vergleichen, mit denen sie häufig in Kontakt stehen. Daher könnte es ebenso sinnvoll sein, die Referenzgruppe von den Befragten selber definieren zu lassen. Dies tat Melenberg (1992), indem er die Probanden seiner Studie nach ihrem sozialen Umfeld befragte und sie bat, unter anderem das durchschnittliche Einkommensniveau dieser Gruppe anzugeben (vgl. Melenberg 1992: 188ff). Eine weniger aufwändige Vorgehensweise wählten Knight et al., indem sie die Probanden zwischen sieben vorgegebenen Referenzgruppen wählen ließen, wie unter anderem Nachbarn, Verwandte oder Bewohner des Dorfes (vgl. Knight et al. 2007: 28).

5.2.4 Berücksichtigung des Gewöhnungseffektes

In Kapitel 4.4 wurde festgestellt, dass Menschen ihr Einkommen in Bezug zu ihren eigenen vergangenen Geldbezügen und ihren resultierenden Einkommenserwartungen setzen. Einkommenserhöhungen haben auf langfristige Sicht kaum oder gar keinen Effekt auf die Lebenszufriedenheit, da sich Menschen an ihren Lebensstandard gewöhnen und ihre Erwartungen nach oben anpassen. Einkommensreduktionen und abgesenkte Ansprüche werden hingegen weniger leicht angenommen. Die Berücksichtigung des Effektes der Einkommensgewöhnung in einer Lebenszufriedenheitsregression kann analog zur Berücksichtigung von sozialen Vergleichen wie in Gleichung (8) dargestellt werden:

$$LS_{ijt}^{*} = \alpha + \beta_1 \ln\left(M_{ijt}\right) + \beta_2 \ln\left(\frac{M_{ijt}}{M_{ijt}^{*}}\right) + \cdots + \beta_3 Q_{jt} + \varepsilon_{it} \qquad (8)$$

M_{ijt}^{*} würde in diesem Fall das interne Referenzeinkommen darstellen. Dies wäre das durchschnittliche Einkommen des Individuums *i* von vergangenen Perioden (vgl. Clark et al. 2008: 104).

Autoren, die das vergangene Einkommen in ihren Lebenszufriedenheitsregressionen berücksichtigten, kamen allerdings zu unterschiedlichen Ergebnissen hinsichtlich seiner Wirkung auf die Lebenszufriedenheit. Menz und Welsch untersuchten in ihrer Studie von 2010, wie sich der demographische Wandel in Industrieländern auf die Bewertung der Luftqualität auswirkt. In ihren Berechnungen kalkulierten sie das vergangene Einkommen mit ein. Sie stützten sich auf Querschnittsdaten des World Value Surveys und wählten als ihre abhängige Variable die durchschnittliche Lebenszufriedenheit eines Landes in einem Jahr. Das Bruttonationaleinkommen pro Kopf war der Messwert des absoluten (aktuellen) Einkommens. Zusätzlich wurde das Pro-Kopf-Bruttonationaleinkommen der vorangegangenen Perioden in die Regression eingeführt. Die Bedeutung des vergangenen Einkommens auf die Ergebnisse wird in ihren Regressionen deutlich: Als das vergangene Einkommen zusätzlich zum absoluten (aktuellen) Einkommen in der Regression berücksichtigt wurde, erhöhte sich der Koeffizient des absoluten Einkommens deutlich von 0,283 auf 1,952. Sie folgerten, dass das vergangene Einkommen stark mit dem aktuellen Einkommen korreliert ist und der Koeffizient des aktuellen Einkommens nach unten verzerrt wird, wenn das vergangene Einkommen nicht berücksichtigt wird (vgl. Menz/ Welsch 2010: 2583/ 2586). Dies wirkte sich auf die monetären Werte der Luftqualität aus: Mit Einschluss des vergangenen Einkommens ergab sich eine marginale Willingness-to-Pay für die Reduktion der PM_{10}-

Belastung um ein Mikrogramm pro Kubikmeter von 98 bis 185 US-Dollar (in Kaufkraftparitäten von 2000). Dieser Wert beträgt nach ihrer Einschätzung rund ein Sechstel des monetären Wertes für die Luftqualität, welcher von Ferreira und Moro (2010) errechnet wurde. Sie folgerten, dass die Berücksichtigung des vergangenen Einkommens zu einer plausibleren Bewertung für nicht-marktgängige Güter führt (vgl. Menz/ Welsch 2010: 2587f).

Bei Menz und Welsch erwies sich der Einfluss des vergangenen Einkommens auf die Lebenszufriedenheit als signifikant negativ (vgl. Menz/ Welsch 2010: 2587). Dies steht im Kontrast zu den Ergebnissen von Knabe und Rätzel (2007). Knabe und Rätzel berechneten die nicht-monetären Kosten der Arbeitslosigkeit mit dem Lebenszufriedenheitsansatz. Auch sie führten eine Variable des vergangenen Einkommens in ihre Regression ein. Die Autoren nutzten hierbei die Daten des Sozio-Ökonomischen Panels von 1992 bis 2005. Der Messwert des vergangenen Einkommens war bei ihnen das durchschnittliche Einkommen eines Individuums über alle Jahre, die es im Panel war. Der Koeffizient des aktuellen Einkommens hatte nach Knabes und Rätzels Berechnungen einen Wert von 0,338 und der Koeffizient des vergangenen Einkommens betrug 0,355. Sie addierten die beiden Koeffizienten, um den langfristigen Einfluss des Einkommens auf die Lebenszufriedenheit zu erhalten. Hier erwies sich der Einfluss des vergangenen Einkommens also als positiv auf die Lebenszufriedenheit (vgl. Knabe/ Rätzel 2007: 11f). Knabe und Rätzel interpretierten das vergangene Einkommen allerdings auch grundlegend anders als Menz und Welsch: Bei ihnen war das vergangene Einkommen ein Messwert des permanenten Einkommens. Das permanente Einkommen ist nach ihrer Definition das Einkommen, das ein Individuum aufgrund seiner Ressourcen (zum Beispiel Finanzanlagen und Bildung) jährlich zu verdienen erwartet. Das aktuelle Einkommen hingegen bezieht sich auf einen kurzfristigeren Zeitraum und unterliegt vorübergehenden Schwankungen. Knabe und Rätzel stützten sich auf die Hypothese, dass Menschen ihre Konsumentscheidungen von ihrem permanenten statt von ihrem aktuellen Einkommen abhängig machen. Änderungen des aktuellen Einkommens würden sich zudem auf das permanente Einkommen übertragen. Hierbei gehen sie davon aus, dass ein Individuum zum Beispiel einen Geldbetrag, den er kurzfristig erhält, nicht in derselben Periode in Konsum umsetzen, sondern einen Teil für spätere Perioden aufsparen würde. Die kurzfristige Einkommenserhöhung würde sich somit auch noch in späteren Perioden positiv auf die Lebenszufriedenheit des Individuums auswirken (vgl. Knabe/ Rätzel 2007: 2). Diese Vorstellung steht im Widerspruch zu der Erkenntnis, dass sich Menschen an Einkommenserhöhungen gewöhnen. Knabe und Rätzel liefern somit eine Erklärung ihrer Ergebnisse, die auf relativ starken Annahmen beruht und die sich nicht mit den Erkenntnissen zur Einkommensgewöhnung deckt. Dennoch bewirkt der Einschluss des vergangenen Einkommens ähnlich wie bei Menz und Welsch, dass sich die berechneten monetären Werte für das nicht-marktgängige Gut reduzierten: Gemäß dem Regressionsmodell, in dem nur das aktuelle Einkommen berücksichtigt wurde, wäre eine Kompensationszahlung von 117,4 Prozent des Einkommens eines Individuums notwendig, um ein arbeitsloses Individuum auf dem Zufriedenheitsniveau eines Arbeitenden zu halten. Nachdem zusätzlich das vergangene Einkommen einkalkuliert wurde, reduzierte sich die Kompensationszahlung auf 75 Prozent des Einkommens (vgl. Knabe/ Rätzel 2007: 13).

Es lässt sich somit lediglich feststellen, dass ein Messwert des vergangenen Einkommens in Lebenszufriedenheitsregressionen einbezogen werden sollte, da das absolute Einkommen mit dem vergangenen Einkommen korreliert. In den genannten Beispielen führte die Berücksichtigung des vergangenen Einkommens zu einer Reduktion der monetären Werte nicht-marktgängiger Güter.

6. Fazit

Ziel der Arbeit war es, herauszufinden, wie sich die Erfassung des Einkommens und seine Bedeutung für die Lebenszufriedenheit auf die Ergebnisse der Bewertung von Umweltgütern nach dem Lebenszufriedenheitsansatz auswirken.

Hierzu wurden zunächst die klassischen Bewertungsansätze, die Hedonic-Pricing-Methode und die Contingent-Valuation-Methode, dem Lebenszufriedenheitsansatz gegenübergestellt. Es zeigte sich, dass der Lebenszufriedenheitsansatz einige Schwächen umgehen kann, die den klassischen Umweltbewertungsmethoden zu eigen sind. Ein wichtiger Vorteil des Lebenszufriedenheitsansatzes ist, dass die Probanden nicht über die Auswirkungen von Umweltveränderungen informiert sein müssen. Alle Umweltveränderungen, die sich direkt oder indirekt, zum Beispiel über die Gesundheit, auf die Lebenszufriedenheit der Menschen auswirken, werden erfasst. In der Gegenüberstellung der Ergebnisse der unterschiedlichen Bewertungsansätze zur monetären Bewertung der Luftqualität ergab sich, dass die Werte des Lebenszufriedenheitsansatzes höher sind als die der klassischen Ansätze. Die starken Unterschiede der Werte ließen sich zum Einen damit erklären, dass die Ergebnisse der Hedonic-Pricing-Methode und der Contingent-Valuation-Methode aufgrund ihrer spezifischen Schwächen nach unten verzerrt sind. Zum zweiten sind die Werte des Lebenszufriedenheitsansatzes sehr hoch, weil der Einfluss des Einkommens auf die Lebenszufriedenheit in den untersuchten Studien unvollständig erfasst wurde. Ein niedriger Einkommenskoeffizient resultiert bei der Berechnung der Grenzrate der Substitution zwischen Einkommen und Umweltgut in einer hohen Bewertung des Umweltgutes.

In der vorliegenden Analyse konnten fünf Ansatzpunkte erarbeitet werden, mittels derer eine vollständigere Erfassung des Einflusses vom Einkommen auf die Lebenszufriedenheit gelingen könnte:

Zum Ersten kann eine Verzerrung des Einkommenskoeffizienten vermieden werden, wenn die indirekten Effekte des Einkommens, zum Beispiel die positive Wirkung des Einkommens auf den Gesundheitszustand, kontrolliert werden. Hier könnten die indirekten Effekte nach dem Beispiel von Dolan et al. (2011) schrittweise identifiziert und zum direkten Effekt des Einkommens hinzugerechnet werden.

Zum Zweiten sollten die glücksschmälernden Faktoren der Einkommensgenerierung, wie der Pendelweg zur Arbeit und die Arbeitszeit, kontrolliert werden, um den exogenen Einfluss des Einkommens auf die Zufriedenheit zu erfassen. Viele Autoren lösten dies mit dem Einsatz einer Instrumentvariablen für das Einkommen, welche aus dem prognostizierten Haushaltseinkommen gebildet wurde. Die Exogenität einer solchen Instrumentvariable kann jedoch zu Recht angezweifelt werden. Für viele Autoren stellte die Vorgehensweise dennoch eine Möglichkeit dar, ihre Ergebnisse auf Robustheit zu überprüfen und die Richtung und das Ausmaß einer möglichen Verzerrung der Werte festzustellen.

Zum Dritten wird der Einfluss des Einkommens auf die Lebenszufriedenheit überschätzt, wenn nicht berücksichtigt wird, dass glückliche Menschen durchschnittlich mehr Geld verdienen. Mit Fixed-Effects-Modellen kann die individuenspezifische Neigung zu einem bestimmten Niveau an Zufriedenheit oder Unzufriedenheit kontrolliert werden, was in der Regel zur Folge hat, dass sich der Einkommenskoeffizient deutlich reduziert. Individuenspezifische Fixed-Effects-Modelle lassen sich allerdings nur auf Paneldaten anwenden.

Zum Vierten erbrachte die Betrachtung des Forschungsstands hinsichtlich des Zusammenhangs zwischen dem Einkommen und der Lebenszufriedenheit, dass die Lebenszufriedenheit nicht nur von der absoluten Höhe des Einkommens abhängig ist, sondern auch vom Einkommen der Menschen, mit denen man sich vergleicht. Menschen fühlen sich in der Regel besser, wenn sie mehr als ihre Referenzgruppe verdienen und sie sind unzufriedener, wenn sie weniger verdienen. Hierbei wirken sich die Negativvergleiche – das Individuum besitzt weniger als die Referenzgruppe – häufig stärker aus als die

Positivvergleiche. Die Stärke des Einflusses des absoluten Einkommens und des Relativeinkommens ist unter anderem von der finanziellen Ausgangslage eines Individuums abhängig, wobei tendenziell die Bedeutung sozialer Vergleiche bei hohen Einkommen zunimmt. Wie sich eine Berücksichtigung des sozialen Relativeinkommens im Lebenszufriedenheitsansatz konkret auf die Werte nicht-marktgängiger Güter auswirken würde, konnte mangels beispielhafter Studien hier nicht beantwortet werden. Entscheidend ist jedoch, dass bei einer Berücksichtigung des Relativeinkommens die Referenzgruppe sorgfältig identifiziert wird. Sinnvoll kann es sein, Referenzgruppen mit ähnlichen Charakteristiken zu bilden (unter anderem hinsichtlich Alter, Bildung und Wohnort) und idealerweise die Personengruppen zu identifizieren, mit denen ein Individuum regelmäßig in Kontakt steht.

Zum Fünften konnte aus empirischen Studien gefolgert werden, dass sich Menschen an Einkommenserhöhungen gewöhnen und diese daher nur kurzfristig positiv auf die Zufriedenheit wirken. In zwei Lebenszufriedenheitsstudien wurde daher das vergangene Einkommen berücksichtigt, was zu einer Reduktion der monetären Werte für die untersuchten nicht-marktgängigen Güter führte.

Die meisten der hier identifizierten Faktoren verzerren den Einkommenskoeffizienten nach unten. Es ist somit wahrscheinlich, dass die Ergebnisse von Umweltbewertungen nach dem Lebenszufriedenheitsansatz sich den niedrigeren Werten der klassischen Bewertungsansätze annähern würden, wenn man die genannten Faktoren in den Lebenszufriedenheitsregressionen erfasste. Um dies fundiert beurteilen zu können, bleibt als Aufgabe, die komplexen Einflüsse des Einkommens auf die Zufriedenheit in empirische Umweltbewertungen nach dem Lebenszufriedenheitsansatz zu integrieren.

7. Literatur

Argyle, Michael (1999): Causes and Correlates of Happiness. In: Kahnemann, Daniel/ Diener, Ed/ Schwarz, Norbert (Hrsg.): Well-Being: The Foundations of Hedonic Psychology. New York, S. 353-373.

Bayer, Patrick/ Keohane, Nathaniel/ Timmins, Christopher (2009): Migration and hedonic valuation: The case of air quality. In: Journal of Environmental Economics and Management, Vol. 58, Nr. 1, S. 1-14.

Blanchflower, David G./ Oswald, Andrew J. (2004): Well-being over time in Britain and the USA. In: Journal of Public Economics, Vol. 88, Nr. 7-8, S. 1359-1386.

Brickman, P./ Campbell, D. T. (1971): Hedonic Relativism and Planning the Good Society. In: Appley, M.H. (Hrsg.): Adaptation-level theory: A Symposium. New York, S. 287-304.

Brookshire, David S./ Thayer, Mark A./ Schulze, William D./ D'Arge, Ralph C. (1982): Valuing Public Goods: A Comparison of Survey and Hedonic Approaches. In: The American Economic Review, Vol. 72, Nr. 1, S. 165-177.

Burchardt, Tania (2005): Are One Man's Rags Another Man's Riches? Identifying Adaptive Expectations Using Panel Data. In: Social Indicators Research, Vol. 74, Nr. 1, S. 57-102.

Cantril, Hadley (1965): The pattern of human concerns. New Brunswick, New Jersey: Rutgers University Press.

Chattopadhyay, Sudip (1999): Estimating the Demand for Air Quality: New Evidence Based on the Chicago Housing Market. In: Land Economics, Vol. 75, Nr. 1, S. 22-38.
Clark, Andrew E./ Oswald, Andrew J. (1994): Unhappiness and Unemployment. In: Economic Journal, Vol. 104, Nr. 424, S. 648-659.

Clark, Andrew E./ Oswald, Andrew J. (1996): Satisfaction and Comparison Income. In: Journal of Public Economics, Vol. 61, Nr. 3, S. 359-381.

Clark, Andrew E./ Frijters, Paul/ Shields, Michael A. (2008): Relative Income, Happiness, and Utility: An Explanation for the Easterlin Paradox and Other Puzzles. In: Journal of Economic Literature, Vol 46, Nr.1, S. 95-144.

De Groot, Rudolf S./ Wilsom, Matthew A./ Boumans, Roelof M.J. (2002): A typology for the classification, description and valuation of ecosystem functions, goods and services. In: Ecological Economics, Vol. 41, Nr. 3, S. 393-408.

Deutsches Institut für Wirtschaftsforschung (2011): Leben in Deutschland: Befragung zur sozialen Lage der Haushalte. Unter: http://www.diw.de/documents/dokumentenarchiv/17/ diw_01.c.394133.de/soepfrabo_personen_2011.pdf (Letzter Abruf: 30.10.2012).

Deutsches Institut für Wirtschaftsforschung (2012): Über uns: Die Survey-Gruppe SOEP. Unter: http://www.diw.de/de/diw_02.c.221178.de/ueber_uns.html (Letzter Abruf: 30.10.2012).

Diener, Ed/ Diener, Marissa/ Diener, Carol (1995): Factors Predicting the Subjective Well-Being of Nations. In: Journal of Personality and Social Psychology, Vol. 69, Nr. 5, S. 851-864.

Diener, Ed/ Lucas, Richard E. (1999): Personality and Subjective Well-Being. In: Kahnemann, Daniel/ Diener, Ed/ Schwarz, Norbert (Hrsg.): Well-Being: The Foundations of Hedonic Psychology. New York, S. 213-229.

Diener, Ed/ Oishi, Shigehiro (2000): Money and Happiness: Income and Subjective Well-Being across Nations. In: Diener, Ed/ Suh, Eunkook M. (Hrsg.): Culture and Subjective Well-Being. Cambridge, S. 185-218.

Di Tella, Rafael/ Haisken-De New, John/ MacCulloch, Robert (2010): Happiness Adaptation to Income and to Status in an Individual Panel. In: Journal of Economic Behavior and Organization, Vol. 76, Nr. 3, S. 834-852.

Dolan, Paul/ Fujiwara, Daniel/ Metcalfe, Robert (2011): A Step towards Valuing Utility the Marginal and Cardinal Way. Center for Economic Performance, London, Discussion Paper Nr. 1062.

Duesenberry, James S. (1952): Income, Saving and the Theory of Consumer Behavior. Cambridge, Massachusetts.

Easterlin, Richard A. (1974): Does Economic Growth Improve the Human Lot? Some Empirical Evidence. In: David, R./ Reder, M. (Hrsg.): Nations and Households in Economic Growth: Essays in Honor of Moses Abramovitz, New York: Academic Press, S.89-125.

Easterlin, Richard A. (2001): Income and Happiness: Towards a Unified Theory. In: The Economic Journal, Vol. 111, Nr. 473, S. 465-484.

European Commission (2011): Standard Eurobarometer 76: Autumn 2011. Unter: http://ec.europa.eu/public_opinion/archives/eb/eb76/eb76_agreport_en.pdf (Letzter Abruf: 11.07.2012).

Fernández-Dols, José Miguel/ Ruiz-Belda, María-Angeles (1995): Are Smiles a Sign of Happiness? Gold Medal Winners at the Olympic Games. In: Journal of Personality and Social Psychology, Vol. 69, Nr. 6, S. 1113-1119.

Ferreira, Susana/ Moro, Mirko (2010): On the Use of Subjective Well-Being Data for Environmental Valuation. In: Environmental and Resource Economics, Vol. 46, Nr. 3, S. 249-273.

Ferrer-i-Carbonell, Ada (2005): Income and Well-Being: An Empirical Analysis of the Comparison Income Effect. In: Journal of Public Economics, Vol. 89, Nr. 5-6, S. 997-1119.

Ferrer-i-Carbonell, Ada/ Frijters, Paul (2004): How Important is Methodology for the Estimates of the Determinants of Happiness? In: The Economic Journal, Vol. 114, Nr. 497, S. 641-659.

Ferrer-i-Carbonell, Ada/ Gowdy, John M. (2007): Environmental degradation and happiness. In: Ecological Economics, Vol. 60, Nr.3, S. 509-516.

Frank, Robert H. (2005): Does Absolute Income Matter? In: Bruni, Luigino/ Porta, Pier Luigi (Hrsg.): Economics and Happiness: Framing the Analysis. Oxford, New York, S. 65-90.

Frank, Robert H. (2008): Why Is Cost-Benefit Analysis so Controversial? In: Hausman, Daniel M. (Hrsg.): The Philosophy of Economics: An Anthology. 3. Auflage, Cambridge, S. 251-269.

Freeman III, A. Myrick (2003): The Measurement of Environmental and Resource Values: Theory and Methods. 2. Auflage, Washington D.C.

Frey, Bruno S./ Stutzer Alois (2002): What Can Economists Learn from Happiness Research? In: Journal of Economic Literature, Vol. 40, Nr. 2, S. 402-435.

Frey, Bruno S./ Frey Marti, Claudia (2010): Glück: Die Sicht der Ökonomie. Zürich.

Frey, Bruno S./ Luechinger, Simon/ Stutzer, Alois (2004): Valuing Public Goods: The Life Satisfaction Approach. CESifo Working Paper Nr. 1158

Frijters, Paul/ Haisken-DeNew, John P./ Shields, Michael A. (2004): Money Does Matter! Evidence from Increasing Real Income and Life Satisfaction in East Germany Following Reunification. In: The American Economic Review, Vol. 94, Nr. 3, S. 730-740.

Fujiwara, Daniel/ Campbell, Ross (2011): Valuation Techniques for Social Cost-Benefit Analysis: Stated Preference, Revealed Preference and Subjective Well-Being Approaches – A Discussion of the Current Issues. Department for Work and Pensions.

Gardner, Jonathan/ Oswald, Andrew J. (2007): Money and Mental Well-Being: A Longitudinal Study of Medium-Sized Lottery Wins. In: Journal of Health Economics, Vol. 26, Nr. 1, S. 49-60.

Hanemann, W. Michael (1994): Valuing the Environment Through Contingent Valuation. In: Journal of Economic Perspectives, Vol. 8, Nr.4, S. 19-43.

Helliwell, John F. (2003): How's Life? Combining Individual and National Variables to Explain Subjective Well-Being. In: Economic Modelling, Vol. 20, Nr. 2, S. 331-360.

Horowitz, John K./ McConnell, Kenneth E. (2002): A Review of WTA/ WTP Studies. In: Journal of Environmental Economics and Management, Vol. 44, Nr. 3, S. 426-447.

Kahnemann, Daniel/ Knetsch, Jack L./ Thaler, Richard H. (1990): Experimental Tests of the Endowment Effect and the Coase Theorem. In: The Journal of Political Economics, Vol. 68, Nr. 6, S. 1325-1348.

Kahnemann, Daniel/ Sugden, Robert (2005): Experienced Utility as a Standard of Policy Evaluation. In: Environmental and Resource Economics, Vol. 32, Nr. 1, S. 161-181.

Kenny, Charles (1999): Does Growth Cause Happiness, or Does Happiness Cause Growth? In: Kyklos, Vol. 52, Nr. 1, S. 3-26.

Kim, Chong Won/ Phipps, Tim T./ Anselin, Luc (2003): Measuring the benefits of air quality improvement: A spatial hedonic approach. In: Journal of Environmental Economics and Management, Vol. 45, Nr. 1, S. 24-39.

Knabe, Steffen/ Rätzel, Andreas (2007): Quantifying the Psychological Costs of Unemployment: The Role of Permanent Income. Faculty of Economics and Management, Working Paper Nr. 12, Magdeburg.

Knight, John/ Song, Lina/ Gunatilaka, Ramani (2007): Subjective Well-Being and its Determinants in Rural China. Discussion Paper Nr. 334, Oxford.

Krueger, Alan B./ Schkade, David A. (2008): The reliability of subjective well-being measures. In: Journal of Public Economics, Vol. 92, Nr.8-9, S. 1833-1845.

Levinson, Arik (2012): Valuing public goods using happiness data: The case of air quality. In: Journal of Public Economics, Vol. 96, Nr.9-10, S. 869-880.

Luechinger, Simon (2009): Valuing Air Quality Using the Life Satisfaction Approach. In: The Economic Journal, Vol. 119, Nr. 536, S. 482-515.

Luttmer, Erzo F.P. (2005): Neighbors As Negatives: Relative Earnings and Well-Being. In: The Quarterly Journal of Economics, Vol. 120, Nr.3, S. 963-1002.

Lykken, David/ Tellegen, Auke (1996): Happiness is a Stochastic Phenomenon. In: Psychological Science, Vol. 7, Nr. 3, S. 186-189.

Lyubomirsky, Sonja/ King, Laura/ Diener, Ed (2005): The Benefits of Frequent Positive Affect: Does Happiness Lead to Success? In: Psychological Bulletin, Vol. 131, Nr. 6, S. 803-855.

McBride, Michael (2001): Relative-income effects on subjective well-being in the cross-section. In: Journal of Economics Behavior and Organization, Vol. 45, Nr. 3, S. 251-278.

Melenberg, Bertrand (1992): Micro-econometric Models of Consumer Behaviour and Welfare. Doktorarbeit, Universität Tillburg.

Menz, Tobias/ Welsch, Heinz (2010): Population aging and environmental preferences in OECD countries: The case of air pollution. In: Ecological Economics, Vol. 69, Nr. 12, S. 2582-2589.

Pischke, Jörn-Steffen/ Schwandt, Hannes (2012): A Cautionary Note on Using Industry Affiliation to Predict Income. Forschungsinstitut zur Zukunft der Arbeit, Discussion Paper Nr. 6840, Bonn.

Powdthavee, Nattavudh (2010): How much does money really matter? Estimating the causal effects of income on happiness. In: Empirical Economics, Vol. 39, Nr. 1, S. 77-92.

Rehdanz, Katrin/ Maddison, David (2003): Climate and Happiness. Centre for Marine and Climate Research, Department of Economics, Working Paper FNU-20, Hamburg, Odense.

Rottmann, Horst/ Auer, Benjamin R. (2012): Endogenität. Unter: http://wirtschaftslexikon.gabler.de/Archiv/88954/endogenitaet-v6.html (letzter Abruf: 23.11.2012).

Salgado, Jesús F. (1997): The Five Factor Model of Personality and Job Performance in the European Community. In: Journal of Applied Psychology, Vol. 82, Nr. 1, S. 30-43.

Sandvik, Ed/ Diener, Ed/ Seidlitz, Larry (1993): Subjective Well-Being: The Convergence and Stability of Self-Report and Non-Self-Report Measures. In: Journal of Personality, Vol. 61, Nr. 3, S. 317-342.

Schulz, Werner (1985): Der monetäre Wert besserer Luft: Eine empirische Analyse individueller Zahlungsbereitschaft und ihrer Determinanten auf der Basis von Repräsentativumfragen. Frankfurt/M., Bern, New York.

Smith, V. Kerry/ Huang, Ju-Chin (1995): Can Markets Value Air Quality? A Meta-Analysis of Hedonic Property Value Models. In: Journal of Political Economy, Vol. 103, Nr. 1, S. 209-227.

Smith, V. Kerry/ Osborne, Laura L. (1996): Do Contingent Valuation Estimates Pass a "Scope" Test? A Meta-analysis. In: Journal of Environmental Economics and Management, Vol. 31, Nr. 3, S. 287-301.

Stutzer, Alois (2004): The Role of Income Aspirations in Individual Happiness. In: Journal of Economic Behavior and Organization, Vol. 54, Nr. 1, S. 89-109.

Sugden, Robert (2005): Anomalies and Stated Preference Techniques: A Framework for a Discussion of Coping Strategies. In: Environmental and Resource Economics, Vol. 32, Nr.1, S. 1-12.

Urry, Heather L. / Nitschke, Jack B./ Dolski, Isa/ Jackson, Daren C. / Dalton, Kim M./ Mueller, Corrina J./ Rosenkranz, Melissa A./ Ryff, Carol D. / Singer, Burton H. / Davidson, Richard J. (2004): Making a Life Worth Living: Neural Correlates of Well-Being. In: American Psychological Society, Vol. 15, Nr.6, S. 367-372.

U.S. EPA – United States Environmental Protection Agency (2012): Particulate Matter: Health. Unter: http://www.epa.gov/airquality/particlepollution/health.html (letzter Abruf: 23.11.2012).

Van Praag, Bernard M.S. (1991): Ordinal and cardinal utility: An integration of the two dimensions of the welfare concept. In: Journal of Econometrics, Vol. 50, Nr. 1-2, S. 69-89.

Van Praag, Bernard S.M./ Frijters, Paul (1999): The Measurement of Welfare and Well-Being: The Leyden Approach. In: Kahnemann, Daniel/ Diener, Ed/ Schwarz, Norbert (Hrsg.): Well-Being: The Foundations of Hedonic Psychology. New York, S. 413-433.

Veenhoven, Ruut (2000): Freedeom and Happiness: A Comparative Study in Forty-Four Nations in the Early 1990s. In: Diener, Ed/ Eunkook, M. Suh (Hrsg.): Culture and Subjective Well-Being. Cambridge, S. 257-288.

Von Auer, Ludwig (2011): Ökonometrie: Eine Einführung. 5. Auflage, Berlin, Heidelberg.

Welsch, Heinz (2002): Preferences over Prosperity and Pollution: Environmental Valuation based on Happiness Surveys. In: Kyklos, Vol. 55, Nr. 4, S. 473-494.

Welsch, Heinz (2006): Environment and happiness: Valuation of air pollution using life satisfaction data. In: Ecological Economics, Vol. 58, Nr. 4, S. 801-813.

Welsch, Heinz (2007): Environmental welfare analysis: A life satisfaction approach. In: Ecological Economics, Vol. 62, Nr. 3-4, S. 544-551.

Welsch, Heinz (2009): Implications of happiness research for environmental economics. In: Ecological Economics 68, Nr.11, S. 2735-2742.

Welsch, Heinz/Kühling, Jan (2009): Using happiness data for environmental valuation: Issues and applications. In: Journal of Economic Surveys, Vol.23, Nr.2, S. 385-406.

Williams, Martin (2009): The Policy Response to Improving Urban Air Quality. In: Hester, Ronald E./ Harrison, Roy M. (Hrsg.): Issues in Environmental Science and Technology Vol. 28: Air Quality in Urban Environments. Cambridge, S. 129-145.

Woolridge, Jeffrey M. (2006): Introductory Econometrics: A Modern Approach. 3. Auflage, Mason.

Zabel, Jeffrey E./ Kiel, Katherine A. (2000): Estimating the Demand for Air Quality in Four U.S. Cities. In: Land Economics, Vol. 76, Nr. 2, S. 174-194.